삶을 읽다,
마음을 나누다

삶을 읽다, 마음을 나누다

초판 1쇄 인쇄 _ 2021년 12월 01일
초판 1쇄 발행 _ 2021년 12월 05일

지은이 _ 강선화, 박수미, 박영희, 서성미, 석윤희, 우민정, 윤태진,
　　　　　윤희진, 이은아, 이은혜, 이재욱, 이재은, 조성윤

펴낸곳 _ 바이북스
펴낸이 _ 윤옥초
책임 편집 _ 김태윤
책임 디자인 _ 이민영

ISBN _ 979-11-5877-274-1 03190

등록 _ 2005. 7. 12 | 제 313-2005-000148호

서울시 영등포구 선유로49길 23 아이에스비즈타워2차 1005호
편집 02)333-0812 | **마케팅** 02)333-9918 | **팩스** 02)333-9960
이메일 postmaster@bybooks.co.kr
홈페이지 www.bybooks.co.kr

책값은 뒤표지에 있습니다.
책으로 아름다운 세상을 만듭니다. ─ 바이북스

미래를 함께 꿈꿀 작가님의 참신한 아이디어나 원고를 기다립니다.
이메일로 접수한 원고는 검토 후 연락드리겠습니다.

내 몫의 책으로 살아가는 길

삶을 읽다, 마음을 나누다

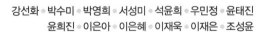

강선화 · 박수미 · 박영희 · 서성미 · 석윤희 · 우민정 · 윤태진
윤희진 · 이은아 · 이은혜 · 이재욱 · 이재은 · 조성윤

바이북스
ByBooks

혼자 읽어도 좋은 책을 함께 읽고 나눴습니다. 사고의 폭이 깊어지고 의식이 확장되면서 새로운 것에 도전하게 되었습니다. 그 여정을 함께 나누며 내 일처럼 기뻐하고 축하해 주는 사람들이 있습니다. 힘들 때는 위로해 주고 응원과 격려를 아끼지 않는 사람들이 있습니다. 그들은 "목적이 있는 책 읽기 모임" 선배님들입니다.

함께 읽고 성장하고 나누는 일에 열정을 가지고 도전한 12명의 공저 작가님들과 책을 썼습니다. 한 분 한 분의 이야기가 독자분들께 위로와 용기를 주는 글이 되길 간절히 바라봅니다.

chapter
1

내 인생을 바꾸는 한 단어의 힘, 원 워드

chapter
2

당신은 도전자입니까

chapter
3

3개의 소원 100일의 기적

chapter 4
최고의 변화는 어떻게 만들어지는가, 아주 작은 습관의 힘

chapter 5
최고들의 일머리 법칙

chapter

6

감사하면 달라지는 것들

chapter
1

내 인생을 바꾸는
한 단어의 힘,
원 워드

내 인생을 바꾼 한 단어를 만나다

서성미

2020년 1년간 온라인 지식생산자 플랫폼 〈마이다스북〉 오픈채팅방을 운영했습니다. 함께 성장하고 성숙해 나가는 모임으로 매주 자기계발 특강을 진행했습니다. '랜선 졸업식'이라는 행사를 끝으로 52주간 치열하게 달려온 일정을 마무리했습니다. 1,000여 명의 회원들과 다양한 분야의 강의를 듣고 깨달음을 적용하였습니다. 코로나블루가 뭔지도 모를 정도로 열정적으로 살았던 한 해였습니다. 온라인 세상에서 교류하며 지냈던 세월은 오프라인 세상의 몇 배가 압축된 고밀도 시간이었습니다. 긴밀하게 소통하며 지냈기에 시원섭섭함이 몰려왔습니다.

2021년 어떤 커뮤니티를 만들어 함께 도전하는 삶을 이어가면 좋을까 고민하던 중 기본으로 돌아가자는 생각을 하게 되었습니다. 자기 경영에 있어 절대 빼놓을 수 없는 책과 바인더에 집중한 독서모임을 운영해봐야겠단 생각을 했습니다. 감사하게도 저와 함께 성장과 도전을 이어갈 1년 연간 회원제 독서모임에 50여 명의 도전자를 모을 수 있었습니다. 매주 첫째 주는 독서 나눔 모임, 마지막 주는 월간 피드백과 다음 달 월간계획모임을 기본으로 하는 독서모임이었습니다. 책 선정을 놓고 고민을 했습니다.

'다 함께 읽고 적용하고 나누기에 좋은 책이 뭐가 있을까?'

1년 프로젝트 중 상반기에 함께 읽을 6권을 선정했습니다.

1월 《원 워드》

2월 《당신은 도전자입니까》

3월 《3개의 소원 100일의 기적》

4월 《아주 작은 습관의 힘》

5월 《최고들의 일머리 법칙》

6월 《감사하면 달라지는 것들》

2021년 삶의 기준이 되어줄 한 단어를 함께 찾아보고 시작하고 싶어 첫 번째 책을 《원 워드》로 잡았습니다. 연간계획을 토대로 다양한 일들을 새롭게 시작할 때 두려움을 극복할 수 있도록 청년 도전가 이동진 작가님의 책을 선정했습니다. 100일 단위로 집중할 3가지 목표를 과제화해서 집중할 수 있도록 3번째 책을 정했습니다. 위대한 목표도 결국 아주 작은 습관들을 통해 이뤄진다는 생각에 습관을 들이기에 도움이 될 책을 4월 필독서로 선정했습니다. 본업에 어떻게 적용하고 성과를 낼 것인가 고민하다 직무능력 향상을 위해 일류 최고들 일하는 방식이 담아 놓은 5월의 책을 선정했습니다. 상반기를 되돌아보고 하반기를 다시 초심으로 돌아가 열정에 불 지필 수 있도록 상반기 마지막 책으로 《감사하면 달라지는 것들》을 선정했습니다.

1월 첫 번째 독서모임에서 올해 삶의 기준이 되어줄 원 워드를 결정하는 워크숍을 진행했습니다. 올해 해결해야 할 과제, 하고 싶은 일, 버려야 할 사고와 감정 습관 등을 생각해본 뒤 후보에 올릴 7개의 습관을 1차로 선택했습니다. 7개의 습관을 토너먼트 형식으로 일일이 매칭시켜 겨루기 한 뒤 최종 승자를 골라서 나만의 원 워드를 선정했습니다.

저의 2021년 원 워드는 '의미Meaning'였습니다. 2020년 코칭을 배우기 시작하면서 본질, 의미, 존재 이유 등을 생각할 수 있었던 것이 좋은 경험이 되어 2021년 일어난 일들, 일어날 일들에 대한 의미를 되짚으며 분별하고 지혜롭게 실행에 옮겨나가고 싶은 마음에서 선택하게 되었습니다.

2021년 1월 《내 상처의 크기가 내 사명의 크기다》 저자 송수용 대표님의 5주 과정 DID강연코칭 수강을 시작으로 2월에는 강점코칭을 들었습니다. 이후로 마음코칭, 비즈니스코칭, 인터널코치 퍼실리테이터 과정, 에니어그램코칭 지도사 과정, 팟캐스트 & 유튜브 창작 교육, 3P마스터코치 시즌2 재수강과 갤럽 강점코칭 고급과정까지 배우는 것을 이어갔습니다.

모든 과정이 유익하고 도움이 되었지만, 특히 기억에 남는 과정은 강점코칭입니다. 생각의 전환과 함께 잠재력을 끓어올리는 데 큰 도움을 받은 교육이었습니다. 국제 마스터 코치로 코칭을 세상에 알리는 데 큰 역할을 감당하고 있는 블루밍경영연구소 김상임 코치님과 송수용 코치님께서 협업으로 진행한 강의였습니다. 갤럽 강점 테스트를 통해 34개의 강점 테마 중 저의 상위 5개 강점과 순위를 알게 되었습니다. 심층 이해분석 자료를 토대로 나를 더 깊게 이해할 수 있었습니다. 저의 Top 5 강점은 순서대로 "연결성, 긍정, 발상, 공감, 적응"입니다.

연결성을 강점으로 받아들이기 전에는 오지랖이라는 부정적인 면을 더 부각해서 생각했습니다. '나의 넘버원 강점이다' 관점을 전환하니 그동안 한 번의 인연도 귀하게 여기고 상대방의 성장과 행복을 동일시했던 제 자신을 수용할 수 있게 되었습니다. 그리고 나의 강점을 발휘해서 어떤 일들을 풀어나가고 펼쳐나갈 수 있겠냐는 생각으로 현실을 바라보게 되었습니다.

연결성이라는 강점은 온라인으로 확장성을 뻗어가고 있습니다. 팟캐스트 콘텐츠 기획 및 제작, 운영방법에 대한 교육을 받았습니다. 1인기업 도구마스터, 책 먹는 여자 최서연 강사님께 교육을 받고 〈야매 강사의 B급 강의〉라는 방송을 개설해서 운영 중입니다. 콘텐츠 제작자라는 외로운 길을 함께 걸을 동지를 만들기 위해 무료로 5시간 안에 방송 개설, 녹음&편집, 에피소드 업로드까지 방법을 전수해 주어 12명의 동지를 만들기도 했습니다.

코칭을 이제는 배우는 것에서 만족하지 않고 코칭을 알려 주고 코치를 양성할 수 있는 단계로 도전 중입니다. 그 과정에서 코치를 양성하는 협력 코치들과 스터디모임을 만들어 2주에 한 번씩 서로 나눌 수 있는 교육 콘텐츠를 나누고 코치다움을 연구하고 있습니다.

한 해를 살아가는 원 워드를 통해 의미 있는 하루하루를 살아가는 데 도움을 받을 수 있었습니다. 한 단어의 힘이 정말 파워풀하다는 걸 새삼 느끼게 됩니다.

새해가 되면 매번 결심만 하는 당신에게

박영희

'새해가 되면 매번 결심만 하는 당신에게'《원 워드》책 첫 번째 목차 타이틀이다. 새해가 되면 매번 결심만 하고, 연말에는 새해에 계획했던 목표가 무엇인지조차 생각나지 않는 내게 하는 말 같았다. 새해가 되면 계획을 세우거나 계획을 세워야 하는 의무감을 느끼게 된다. 계획하는 것을 좋아하는 나는 새해가 되면 매번 계획 세우기를 빼먹지 않고 한다. 하지만 연말이 되면 연초에 세웠던 계획이 무엇인지조차 기억나지 않는다.《원 워드》책을 통해 그 이유를 알게 되었다. 우선 계획한 것들이 내가 진심으로 원하는 것인지 숙고하는 과정이 없었다. 그리고 계획한 목표들이 제대로 진행되고 있는지 주기적으로 점검하는 시간도 갖지 않았다. 점검하는 시간을 갖지 않았던 이유는 내가 세운 계획이 내게 정말 의미 있고 소중한 일이 아니었기 때문이었다. 책에서 말한 대로 계획을 위한 계획을 세웠을 뿐이었다.

올해 꼭 이루고 싶은 것을 생각해 보았다. 그리고 진심으로 내가

내 인생을 바꾸는 한 단어의 힘, 원워드

원하는 일인지 스스로 되묻기를 반복했다. 그렇게 나온 답이 책쓰기와 KAC 코치 자격증 취득이었다. 내가 세운 계획이 앞으로 어떤 영향을 줄 수 있는지 상상해 보았다. 나의 사명인 '아이와 함께 성장하고 싶은 엄마들에게 맘성장 코치가 되어 자존감 높고 유능한 아이로 키울 수 있도록 도와 행복한 육아가 가능하도록 하는 일'과도 연결시켜 점검해 보았다.

내가 책을 쓰고자 했던 이유는 워킹맘 시절 누군가 내게 '워킹맘도 자녀의 독서습관을 키워줄 수 있다'고 말해주길 바랐던 마음이 생각났기 때문이다. 그 당시 아이의 독서습관을 키워주기 위해 아이들에게 매일 책을 읽어주는 엄마들은 모두 전업맘이었다. 전업맘들이 아이들과 다양한 독후 활동을 하는 모습을 보며 워킹맘은 아이의 독서습관을 키워줄 수 없는 건가 싶어 좌절하기도 했었다. 하지만 이미 독서를 통해 변화된 나 자신을 보며 아이에게 꼭 독서습관을 키워주고 싶었다. 나는 나만의 방식을 찾기 위해 수백 권의 육아서를 읽기 시작했고, 연차를 내며 필요하다 싶은 강의를 들으러 다녔다. 결국 뺄 건 빼고, 꼭 취해야 할 것들만 실행해 아이의 독서습관을 키워줄 수 있었다.

책을 통해 내가 바랐던 것처럼 현재 육아로 고군분투하고 있을 엄마들에게 '아이의 독서습관, 워킹맘도 가능했다'고 말해주고 싶었다. 또한 전문 코치 자격증을 취득해 지금도 어디선가 '내가 아이의 독서습관을 길러줄 수 있을까.' 망설이는 엄마들에게 코칭을 통해 힘을 주고 싶었다. 과정은 힘들지 몰라도 그 끝은 달콤하고 행복한 육아가 기다리고 있다고 용기를 주고 싶었다.

사명과 연결된 책쓰기와 KAC 자격증 취득 두 가지를 목표로 정했으니 다음은 연말이 돼도 머릿속에 생생하게 기억나는 계획이 되도록 만들어야 했다. 지금까지 연초에 세웠던 계획이 흐지부지되었던 이유가 계획했던 목표가 완결되기 전에 다른 계획이 비집고 들어와 이전 계획을 밀쳐냈기 때문이었다. 내 계획을 연말까지 붙잡고 갈 수 있는 강력한 한 단어를 《원 워드》 책을 참고해 찾아보았다. 나의 사명과도 연결되는 책쓰기와 코치 자격증 취득 목표가 갑자기 비집고 들어오는 다른 계획들에 의해 밀려나지 않길 바라는 마음으로 올해 나의 원 워드를 '지속성'으로 정했다.

좋은 것은 나눠주고 싶다는 말처럼 '원 워드'에 대해 가족들에게 얘기해 줬다. 책에 나와 있는 원 워드의 효과, 원 워드를 찾는 법, 원 워드를 실천하는 방법들에 관해 설명해 줬다. 그리고 A4지 한 장과 색연필, 사인펜을 준비해 남편과 아들, 딸 가족 모두가 식탁에 모여 앉았다. 각자 올 한 해 계획한 것들을 이루어 줄 가장 강력한 한 단어를 생각해 보았다. 남편은 집념, 아들은 집중, 딸은 배움을 원 워드로 선택했다. 그리고 왜 그 단어를 선택하게 되었는지 서로 나누는 시간을 가졌다. 남편은 중국어 공부를 계속하고 싶은 마음을 담아 '집념'을 선택했다. 생각이 많은 아들은 무슨 일이든 집중해서 하고 싶다며 '집중'이라는 단어를 선택했다. 딸은 올 한 해 많은 것을 배우고 싶다는 마음을 담아 '배움'으로 선택했다. 자신이 선택한 '원 워드' 설명이 끝나고 원 워드를 A4용지에 꾸미는 시간을 가졌다. 가족들은 의외로 자신의 원 워드 꾸미는 시간을 좋아했다. 각자 정한 원 워드를 더 예쁘고 눈에 띄게 보이려고 알록달록 열심히 색칠했다. 책에서 말한 대로 원 워드는 가족들이 항상 볼 수 있는 거실 벽에 붙여 놓았다. 거실 벽에 각자 정한 원 워드를 붙여 놓으니 언제든 원 워드를 보며 대화 속에 집어넣을 수 있었다. 남편은 "이번에 중국어 시험을 위해 집념을 가지고 해봐야겠어." 하며 자신의 목표를 말하기도 했다. 나는 "정빈아, 지금 집중해서 하는 거지?" 하며 아들이 정한 원 워드를 일상 대화에 녹여내 보기도 했다.

연초에 세운 계획을 실행하기 위해 우선 워킹맘 시절 아이들의 독서습관을 길러주기 위해 했던 경험을 브런치에 차곡차곡 써서 올리기 시작했다. 내 글이 독자들에게 어떤 반응을 보일지 궁금하기도 했다. 출간되는 날을 상상하며 독서를 통해 변화된 삶과 아이에게 꼭 독서습관을 길러주고 싶은 마음 등 워킹맘으로 지내면서 아이의 독서습관을 길러주기 위해 했던 경험을 나눴다. 솔직한 경험을 바탕으로 글을 써 올리니 '다음' 메인에 일곱 번이나 노출되는 경험을 했다. 글쓰기에 용기를 얻게 된 나는 이대로 글을 꾸준히 써나간다면 목표했던 책 쓰기가 가능하겠다는 생각이 들었다.

또한, 두 번째 목표인 KAC 코치 자격증 취득을 위해 교육기관을 알아보았다. 엄마들을 돕기 위해 비즈니스 코칭보단 라이프 코칭을 중점적으로 하는 교육기관을 알아보았다. 한만정 교장 선생님이 운영하는 인생디자인학교에서 라이프 코칭의 대가 황현호 코치님의 KAC 교육 진행 공지를 보게 되었다. 뜻이 있는 곳에 길이 있다고 주말부터 진행되는 교육과정이었다. 망설임 없이 교육 신청을 했다. 내가 원하는 것을 분명히 알고 교육을 받으니 4주간의 교육 기간 내내 즐겁게 배울 수 있었다.

브런치에 매주 글쓰기, KAC 코치과정 수강 등 올해 세웠던 계획들을 잊지 않고 실행할 수 있었던 이유는 거실 벽에 붙여 놓았던 '지속성'이라는 원 워드를 매일 보며 계획했던 일들을 주기적으로 들여다보고 점검했기 때문이다. 또한 주기적으로 점검하고 들여다볼 수 있었던 것은 연초에 세웠던 계획들이 내가 진심으로 원하고, 나의 사명과도 연결되었기 때문이다.

2022년 진심으로 원하는 것을 찾고, 그것이 이루어질 때까지 주기적으로 들여다보고 점검할 수 있도록 '강력한 한 단어'를 만들어보는 시간을 갖길 바란다. 그 강력한 한 단어가 복잡한 머릿속에서도 진득하니 항시 그 자리를 지켜줘 계획한 바를 이루게 할 것이다.

내 인생을 바꾸는 한 단어의 힘, 원워드

지속을 통한 삶의 변화

박수미

'지속'이라는 단어를 나의 바인더 1월(Don't Forget)에 적으며 다짐했다.

'언제까지 이렇게 할 거니?'

'올해는 꾸준히 지속해서 결과를 내보자.'

'알잖아, 지속하면 된다는 거.'

지속이라는 이 한 단어에 간절한 마음을 담았다.

《원 워드》라는 책을 통해 내가 품고 갈 올해의 원 워드를 찾아내는 작업을 나는 단순한 독서 후 활동이라고 생각했다. 하지만, 한 단어가 가져다주는 힘은 대단했다. 때때로 흥미가 떨어지는 일을 하거나 귀찮아서 '오늘만 미룰까?' 하는 생각이 들 때마다 '지속'이라는 단어가 계속 나를 붙잡았다.

처음으로 지속이 어떤 것인지에 대한 기쁨을 맛보게 되었다. 김형환 교수님이 운영하시는 네이버 카페에 〈부모 매일 감사일기〉를 쓰는 곳이 있다. 잘하는 게 없고 뭘 해야 할지 모르겠다는 내게 교수님은 지금은 세 아이를 잘 키워야 할 때이니, 부모 감사일기를 매일 써보라고 하셨다. 아이 하나를 잘 키우는 것은 온 우주를 잘 키우는 거라는 말씀을 해주셨다. 목표만 거대하게 지니고 있던 내게 어떤 자리에 있어야 하는지를 깨닫게 해주었다. 그리고 3일을 내리썼다. 하지만, 매일 퇴근 후에 집안일과 자기계발을 위한 공부들을 하다 보니 자정을 넘기는 날이 많았다. 이런 날은 글을 쓰지 않았다. 며칠이 지나자 갑자기 수치스럽고 창피했다. 변화되고 싶다고 그렇게 말해놓고 단톡방에 남기는 그 몇 줄도 매일 올리지 못하는 나를 마주하게 되었다. 하지만 이대로 슬쩍 그만두고 싶지 않았다. 이제까지와는 다르게 살고 싶었다.

내가 뭘 잘하는지는 모르지만 세 아이 엄마라는 내 자리는 확실했다. 지금 내 자리에서 할 수 있는 것에 정성을 다해보자 다시 한 번 결심했다. 아이들에게 매일 감사하는 마음을 담아 한 줄이지만 감사일기를 쓰기 시작했다. 나에게 하고 싶은 일이 정해지자 어떻게 하면 더 좋을지 고민하게 되었고, 이때 교수님께서 단톡방에 감사일기를 쓰면 다른 글들로 인해 내가 쓴 글을 찾기가 어렵게 되니, 카페에 감사일기와 아이들 사진 1장을 매일 올려보라고 하셨다.

'나 바인더 배운 여자!!!' 역시 배움은 다 쓸모가 있다는 것을 깨닫게 되었다. A5 서브 바인더에 감사일기를 쓰기 시작한 날과 제목을 적고, 하루 한 장씩 정성껏 감사일기를 적어 나갔다. 뒷장은 글씨 쓰기도 힘들 것 같고 그날 올리는 사진을 바로 인쇄해서 출력하였다. 우와~ 그럴 듯했다. 내 바인더를 우연히 보는 이들이 생기면서 칭찬을 받게 되니 그 칭찬이 지금까지 쓸 수 있게 해주는 지속하는 힘을 더해주었다.

어느 날 아이가 잘못하여 혼을 낸 후에 울고 있는 아이를 곁에 두고 바인더를 펴서 '감사합니다'라는 이 다섯 글자를 차마 적지 못했다. 또 어떤 날은 종일 일하느라 아이와 눈 한 번 못 맞추고 아이들이 잠든 뒤 들어간 날에는 바인더를 펼치고 반성하게 되었다. 신랑하고 싸운 날은 열 받아서 아무것도 하기 싫어 바인더 기록을 건너뛰기도 하였다.

예전에 나 같으면 갑자기 완벽주의 기질이 스멀스멀 나와서 빠진 며칠 때문에 일기 쓰기를 포기했을 것이다. 그러나 지금의 나는 부족한 모습 그대로의 모습을 받아들이고 있다. 그럴 수도 있다고 기록된 과거의 자료를 보면서 조금 관대한 맘을 먹게 되었다. 중간 중간 빠진 날도 있지만, 그동안 내가 기록한 바인더를 펼치면 소중하고 무척 아름답게 느껴졌다. 바인더의 기록을 통해 내가 어떻게 살았는지를 알 수 있고, 기록한 뒷장에는 그날의 사진으로 우리 가족만의 앨범이 만들어져 더욱 소중하게 느껴졌다. 지금은 가족들의 일상을 기록하는 바인더가 남편과 아이들에게 소중한 보물이 되었다. 하지만 사진이 없는 날은 그대로 비워두고 계속 회차를 쌓아갔다. 어떤 날은 사진이 너무 많은 날이 있다. 그런 날은 바인더의 빈 곳에 사진들만 인쇄해서 그날 날짜를 기재했다. 바인더에 사진을 넣지 않거나, 핸드폰을 바꾸면 사라질 기억들이다. 이 기억들을 단 한 줄이라도 바인더에 일기로

24

삶을 읽다, 마음을 나누다

남겨 놓으니 우리 가족만의 추억이 고스란히 기록되어 귀중한 보물이 되어 있다.

2020년 6월부터 쓴 부모 매일 감사일기는 벌써 두 권이 되었다. 단톡방에 남기는 글을 가시화시키니 지속하기 힘들었던 나도 꾸준히 쓸 수 있게 되었다. 지속해서 뭔가를 한다는 것의 힘은 대단했다. 매번 시작만 있고 끝이 없던 내게 매일 쓰는 감사일기가 생각 이상의 크나큰 힘이 되었다. 나도 뭔가를 꾸준히 하는 것에 대한 성취감을 느끼게 되었고, 매일 소소하지만, 꾸준히 할 수 있는 것을 찾아서 실천해 보니 없었던 자존감이 올라갔다.

지속해서 자녀들을 위한 감사일기로 인해 〈부모 자녀 세미나〉라는 유튜브 채널에 전화 인터뷰로 목소리 출연을 하기도 했다. 뭔가를 꾸준히 하면서 작은 열매를 맺어보니 내 인생의 다른 것들도 변화시킬 수 있겠다는 자신감이 생겼다.

새로운 한 해를 시작할 때 가족 전체가 모여 새해에 각자가 품고 살아갈 원 워드를 정해보길 적극적으로 추천한다. 2021년 초에 우리 가족 독서 시간에 원 워드를 정하기로 했다. 나는 '지속', 남편은 '절제', 큰딸은 '지식', 둘째 아들은 '사랑', 막둥이 아들은 한글도 모르는데 옆에서 우리들의 활동을 보더니 "행복! 행복!"이라고 외쳤다. 행복이란 의미를 알고 하는지 모르겠지만 손바닥에 각자의 원 워드를 네임펜으로 크게 적어서 사진으로 남겨 놨다. 그리고 감사일기 바인더에 인쇄도 했다. 시간이 흘러 지금 돌아보니 가족 모두가 성장하고 있는 것을 발견하게 된다. 가족 전체가 모여 원 워드를 찾는 과정에서

서로의 생각을 나눌 수 있어서 참 좋았다.

2021년, '지속'이란 원 워드를 가지고 많은 도전을 했다. 꿈만 꿨던 독서모임도 만들었고, 모임을 알차게 지속하기 위해 독서리더과정에도 도전했다. 다른 사람들 앞에서 책을 읽고 내 생각을 발표하고 활동을 하며 부족한 내가 부끄러웠고 포기하고 싶었지만, 지속이란 강력한 단어가 떠올랐다. 그리고 포기하지 않고 지속했을 때 어떤 성취감이 나를 기다리고 있는지 경험했기에 계속 나아갈 수 있었다.

새롭게 도전하고 있는 책쓰기, 3p 코치과정, 다이어트는 포기하지 않을 것이다. 지금까지 지속을 통해 경험했던 짜릿함을 알기에 피드백을 통해 개선하며 계속 앞으로 나아갈 것이다. 지금, 이 순간도 나의 나무에서 열매를 맺어가고 있다.

현재의 나는 '지속' 하는 힘을 경험하며 감사한다.

삶의 파동을 일으킨 원 워드

강선화

"이 사람은 뭐든지 한번 들어가면 안 나와요. 물건이든 돈이든."

조용해졌다. 옆에 있던 부부들이 내 눈치를 살핀다.

"아마 어디에 뭐가 있는지도 모를 거예요."

과묵하던 남편은 오늘따라 폭탄 발언을 마구 쏟아낸다. 이럴 때 뒤통수를 얻어맞았다고 하는가 보다.

"나도 다 알아요. 어디에 뭐가 있는지!"

어릴 적 우리 집은 하루 벌어 하루 사는 집이었다. 아버지는 술을 드시고 오시는 날이 많았다. 그런 날이면 맏이라는 이유로 밤늦도록 무릎 꿇고 앉아 넋두리를 듣곤 했다. 평소에는 조용하던 분이 술만 드시면 밤새 화를 내다가 울먹이다가 고래고래 노래를 불러댔다. 몇 시간을 그렇게 술주정을 하고 나시면 용돈을 주셨다. 하지만 며칠이 못 되어 아버지는 그 돈을 다시 가져가셨다. 그때부터였나 보다. 모아두는 습관이 생긴 것이.

1993년 6월 몽골에 왔다. 당시 몽골은 자본주의 시장 경제로 들어선 지 얼마 되지 않아 식료품을 비롯해 모든 물자가 부족했다. 비닐봉지 하나, 종이 한 장도 구하기 어려웠다. 어느 날 유치원에 다니는 큰아이 알림장에 '요구르트 병'이 있었다. 한국에서 오신 선생님이 아직 몽골 실정을 모르는 것 같았다. 요구르트를 먹이고 싶어도 구할 수 없어서 못 먹이는데 요구르트 병이라니! 비슷하게 생긴 음료를 사서 먹이고는 그걸 보냈다. 그날 이후 베란다에는 크고 작은 병, 플라스틱 통, 종이 상자 같은 온갖 재활용품이 쌓여갔다.

쌓아두는 건 물건뿐이 아니었다. 배울 기회만 있다면 어디든지 찾아갔다. 배워도 모르는 것투성이였다. 세미나, 콘퍼런스, 온라인 강의는 물론이고 학위도 땄다. 석사학위, 박사학위까지. 그뿐이었다.

늘 인풋input만 있고 아웃풋output이 안 되는 나에게 변화가 생겼다. 작년 초 《원 워드》를 읽고 '아웃풋'이라는 나만의 원 워드를 정했다. 끝도 없는 인풋의 종지부를 찍고 싶었다. 뭐 큰 건 아니더라도 작은 스텝이라도 아웃풋을 내고 싶었다. 하지만 막상 원 워드를 정하고도 뭘 어떻게 해야 할지 막막했다.

우선 남들 다 한다는 SNS로 시작했다. 개설만 해 놓고 10년이나 방치한 블로그, 채널만 만들어 놓고 영상은 몇 개 되지 않는 유튜브, 3p 자기경영 코치 과정 중 만든 인스타그램이었다.

왕초보를 위한 블로그 특강을 듣고 글을 올리기 시작했다. 코로나 덕분에 듣게 된 온라인 강의 리뷰, 독서 리뷰, 몽골 코로나 소식을 꾸준히 올렸다. 올해는 몽골유비나비 회원들과 100일 글쓰기 챌린지를 했다. 《내 상처의 크기가 내 사명의 크기다》를 읽고 매일 한 꼭지씩 내 이야기를 썼다. 아이 키우며 실수했던 일, 몽골에 살며 사람 때문에 속 상했던 일, 최선이라 생각했지만 지금 생각하니 어리석었던 일 등등. 쓰면서 눈물도 많이 흘렸다. 가끔 지인들이 피드백도 해줬다. 그런 일 이 있었냐면서. 사람들이 읽는다고 생각하니 부끄러웠다. 비공개로 하 고 싶었지만 여러 사람이 참여하는 챌린지이니 공개로 할 수밖에. 120 꼭지가 마치는 날 뭔가 해냈다는 뿌듯함과 가슴속 묵직한 것도 가벼워 진 듯했다. 또 책은 많이 읽는데 내용이 가물가물해 그날 읽은 만큼 리 뷰를 올리기도 했다. 어느 날부터 이웃수가 늘어나기 시작했다.

유튜브 채널을 열고 동영상 제작 방법도 배웠다. 책이나 몽골 이야 기를 올리고 싶었지만, 일부 공개로 온라인 수업 영상을 240여 개 정 도 올렸다. 일주일에 한 번 하는 성경 공부 영상도 하나씩 올렸다. '넘 어진 김에 쉬어 간다'고 코로나 덕분에 나온 아웃풋이었다.

학생들 대상으로 유튜브 동아리를 만들었다. 학생들의 반응은 무덤 덤했다. 모임이 계속될수록 학생은 줄었고, 의욕도 사기도 떨어졌다. 몽골에선 아직 유튜브가 이른가 하는 생각도 들었지만 포기할 수는 없 었다. 모임 장소가 없어 카페에서 모였던 날, 몇 명의 남학생들을 반강 제로 참가시켰다. 그날 이후 동아리는 활기를 되찾았고, 동아리의 방 향과 성격, 계획을 다시 짰다. 첫 번째 실행계획으로 매년 열리는 '한 글 큰 잔치' 행사 영상을 제작했다. 인터뷰도 하고, 자막도 넣었다. 그 렇게 제작된 영상을 SNS에 올렸다. 늘어나는 '좋아요'는 다음 단계로 나아가도 좋다는 사인 같았다. 하지만 이것이 처음이자 마지막이었다.

바로 코로나로 락다운에 들어가며 동아리 회원들을 졸업할 때까지 한 번도 만나지 못했다. 나의 유튜브 동아리 '아웃풋'은 이렇게 멈췄다.

인스타그램에 읽은 책 사진 한 장, 일상 사진 한 장을 올렸다. 블로그만큼 길게 쓰지 않아도 되고, 사진 몇 장에 느낀 점 몇 줄 쓰는 거라 어렵지 않았다. 차곡차곡 늘어나는 사진을 보면 나의 초보 '아웃풋'도 쌓이는 것 같았다. 안타깝게도 두 달 전 해킹으로 계정이 정지되었다. '나는 인플루언스도 아닌데, 해킹이라니! 아니 왜?' 이런 일이 내게 생길 줄이야. 본사에 계정 정지를 풀어달라는 메일을 보냈지만 지금까지도 답장이 없다. 마음을 다잡고 며칠 전 다시 계정을 만들었다. 새로운 마음으로 다시 시작하자고.

SNS로 시작한 아웃풋은 삶에서도 나타났다. 남편 말대로 구석구석 쌓아두었던 물건들도 드디어 빛을 보기 시작했다. 버리기도 하고 필요한 사람들에게 나눠주기도 했다.

나의 아웃풋은 내 삶에 작은 파동을 일으켰다. 쌓아두었던 것을 조금씩 꺼내고 나누기 시작하니 처음엔 부끄럽기도 하고 이런 게 도움이 될까 하는 생각도 들었다. 하지만 시간이 갈수록 도움을 청하는 사람도 많아졌고, 고맙다는 사람도, 응원하는 사람도 늘어났다. 공부해서 남 주니 나도 좋고 남들도 좋아한다.

독서를 하면서 한국어 배우는 학생들과 독서모임 하는 날을 꿈꿔왔다. 오늘이 그날이다. '그림책 동아리'로 학생들을 돕는 아웃풋을 시작한다. 나의 원 워드는 오늘도 진행 중이다.

나를 만나는 순간

우민정

2018년 7월 덥고 습한 날 당시 11살, 10살인 연년생 딸과 5살 아들에게 역사책을 펼쳐 손으로 짚어가며 조목조목 가르치고 있는 모습이 떠오른다. 떡을 먹다 목에 걸린 듯한 단어가 가슴을 누른다. 무엇을 굳게 믿고 있었을까? 직접 보고 느껴야 할 세상을 책 속에서 열심히 가르치고 있는 모습이 보이지 않는가? 지금 아이들에게 뭘 가르치고 있는 거니? '엄마 품에서 벗어나지 않는 아이로 자라게 할래?'라며 책을 덮고 무릎을 치던 생각이 난다.

나의 어린 시절은 스스로 먹고, 스스로 하기보다 엄마가 직접 떠먹여 주고, 혼자서는 어딜 가지 못해 엄마만 기다리고 있고, 혼자 나섰다 길을 잃은 기억이 많아서 세 아이를 키우는 엄마가 된 지금도 길을 잃어 헤매는 꿈을 꾸고 아직도 낯선 장소에 가면 겁이 난다.

느지막이 온 폭풍 같은 사춘기를 겪으며 이유 모를 설움이 폭발하기 시작했다. 그럴 수밖에 없는 환경이 홀로 딸을 키우는 워킹맘이셔서 남편의 자리, 아빠의 자리를 채우고 채워주기 위한 어머니만의 양육방식이었고, 남편 같은 딸처럼 받들고 사시는 어머니의 설움을 푸는 당신만의 살아내시는 방법이었다.

어머니를 이해한 순간 어린 삼 남매를 품에 끼고 울던 나의 모습과 폭풍 같은 사춘기를 겪는 자식을 품에 끼고 우시던 어머니의 울먹인 소리가 아직도 생생하다. 어머니를 떠올리게 하는 단어가 사무치는 그리움과 설움, 죄송한 마음으로 뒤섞여 가슴을 아프게 하지만 어머니의 굴레에서 벗어나 박차고 일어나 독립하게 된 순간이기 때문에 평생 잊지 못할 사진의 한 장면처럼 가슴에 박혀 있다. 어머니의 굴레에서 벗어나 인생의 전환기를 맞이하며 강점이 된 원 워드, 과거 현재 미래를 이어주는 단어가 되었다.

어머니를 떠올리게 한 단어와 나의 강점이 된 원 워드는 바로 '신념'이다. 굳게 믿는 마음의 뜻을 지닌 신념을 과거, 현재, 미래로 정리하자면, 과거는 어린 시절 어머니로부터 물려받은 것이었다. 생각도, 행동도 주체가 나 자신이 아니었다. 자신감이 없고 자존감은 낮고 어머니의 꿈이 곧 꿈인 아이였다. 그러나 현재는 과거와는 다르게 주체가 나로 향해 있다. 생각도, 행동도 주체가 나로부터 비롯되어지고 있다.

어떻게 달라질 수 있었을까? 그것은 한순간도 꿈을 놓지 않았기 때문이다. 스스로 꿈을 찾고 부딪치고 경험한 과정에서 만들어진 것이다. 나를 굳게 믿는 마음으로 극복해 나갈 수 있었다. 과거 현재의 신념으로 바르게 다져질 것이라 믿으며 현재에 집중하며 주어진 하루에 감사의 마음으로 정성스럽게 살아가고 있다. 아직 과거로부터 잔재된 신념이 장애가 되기도 하나 나는 계속 꿈을 행해 나아가고 있다.

미래의 신념은 나로 향해 있지 않다. 이제는 혼자가 아닌 함께하는 힘을 느끼고 마음이 같은 사람들과 함께 성장하기 위해 리더로 이끌어주고 있다. 함께하는 사람들, 함께할 사람들의 공동체를 만드는 데 온 힘을, 온 마음을 다하고 있다.

"우쌤" "우쌤" 이름보다 더 많이 불리고 있는 나를 부를 때 쓰는 애칭이다. 우민정이라는 이름으로 있을 때보다 "우쌤"으로 불리는 게 더 편하고 친숙하다. 학생들과 같이 공부하고 지도할 때 가장 존재감을 느끼고 편하고 좋다. 좋아하는 일을 한다는 것, 거기에 천직이라고 여기는 일을 만난 건 내 생애 천운이라고 생각한다.

나의 천직은 가르치는 일이다. 이렇게 자신감 있게 나의 일을 정의할 수 있다는 건 엄청난 과정에서 이룬 성과이다. 라이언 홀리데이의 《돌파력》에서 나의 교육철학과 신념을 다지게 된 문장을 만났다.

"과정에 온 힘을 기울이라. 두려움을 과정으로 대체하라. 과정에 의존하고, 과정에 기대고, 과정을 신뢰하라. 과정은 지금 이 순간에 맞는 일을 제대로 하는 것이다."

나의 교육철학과 신념을 다지게 할 수 있던 과정을 꺼내 보려고 한다. 우선 나의 코칭 방식은 '쓰기력'을 기르기 위해 쓰기를 기본기로 다지고 있다. 우리 학생들은 모두 개념정리, 교재 분석이 자연스럽게

33

내 인생을 바꾸는 한 단어의 힘, 원워드

배여 있는 공부를 하고 있다. 물론 자연스럽게 배기까지 집중 훈련을 받는다. 새로 들어올 학부모님과 학생에게 이 공부법을 소개하면 학생도, 학부모님들 이런 공부법을 열이면 열 해본 적이 없다고 한다. 그러면서 하시는 말씀은 "내 아이가 이렇게 할 수 있을까요?", "우리 아이는 글 쓰는 걸 무척 싫어해요", "우리 아이는 글씨를 못 써요", "우리 아이는 서술형이 약해요" 등등 상담하시는 학부모님들 처음 상담하실 때 이렇게 말씀하시는 분이 대부분이시다. 그러나 지도하는 공부방식이 마음에 든다고 하시며 모두 입회 등록을 하시고 등록하면 이사하는 일 없으면 거의 졸업할 때까지 함께 공부한다.

공부방을 처음 운영할 때는 초등 공부방으로 시작을 하여 초등학생들 위주로 쓰기 훈련을 시켰다. 그러면서 점점 확대되었는데 중학생, 고등학생, 성인까지도 확대되고 또한 공부방을 준비하시거나, 기존 공부방이나 학원을 운영하시는 교사, 원장님들께 전해드리고 있다.

수업 특징은 1:1 자기주도학습 시스템이다. 쉽게 말해 1:1 과외라고 이해하시면 된다. 지역에 맞게 시스템을 만들다 보니 학년별 수업이 아닌 1:1 맞춤 코칭을 11년째 운영하고 있다. 이 시스템을 오래 운영하다 보니 장점이 더 많고, 시간에 구애받지 않고, 1:1 맞춤 코칭으로 밀착 관리가 가능하다. 지역에 맞는 상황과 1:1 코칭 방식이 도입되어 우쌤만의 1:1 자기주도학습 코칭 시스템이 완성된 것이다.

나의 공부법은 공부 성향과 경험도 있겠지만 수많은 강의와 책을 통해 뼈대가 형성된 것이다. 매일, 몇 시간씩, 몇 개월, 몇 년을 공부법을 강화하고 업그레이드하기 위해 끊임없이 학생들과 같이 개념정리를 하고 분석을 하고, 강의 들을 때 메모하고, 강의일지를 쓰는 등 다양한 방식을 교과에 적용하는 공부법을 연구하고 적용하고 반복하며 마치 도자기를 빚다 깨기를 반복하듯 만들어낸 공부법이다.

다른 곳과 많은 차별이 있어서 외계인 공부방이라는 소리도 들었다. 공부법이 좋은 건 알지만 쓰는데 시간 많이 걸리지 않느냐, 쓰기만 한다고 개념이 이해가 되느냐 등등 좋은 소리만 들은 건 아니다. 그러나 나는 나의 공부법에 대해 흔들림이 없었다. 지도받은 우리 학생들, 뿌리 깊은 우리 제자들이 증명해 주었기 때문에 더욱 나의 공부법에 대해 믿음과 확신을 갖을 수 있었다. 이 일을 만나지 않았다면 나의 존재감을 느끼지 못했을 것이다. 나의 존재감을 찾아준 "우쌤"이 나는 좋다.

한 번 사는 내 인생이기에
무조건 '도전'이다!

이재은

중학교 때 꿈이 백댄서였다. 가수 김원준을 엄청나게 좋아했다. 서태지와 아이들 〈컴백홈〉, 〈환상속의 그대〉 노래가 나오면, 리듬에 맞춰 춤을 따라 췄다. 거울 속 춤추는 나를 보노라면 꽤 잘 춘다 생각했다. 중학교 2학년 운동회 날, 우리 반 응원석에 서서, 소방차의 〈G 카페〉에 맞춰 춤췄다. 고등학교 1학년 때 HOT는 나의 모든 것이었다. 〈전사의 후예〉 영상을 많이 봤는데, 어느 순간 똑같이 따라 추고 있었다. 한번은 과학수업 시간에 아이들이 정신없이 자고 있었다.

"재은아 나와서 춤 한번 춰줘라"

지금이라면, 눈을 동그랗게 뜨고 절대 안 나갔을 텐데. 그땐 무심한 듯 당연하게 교탁 앞으로 나갔다. 무반주로 〈전사의 후예〉를 췄다. 부끄럼 하나 없었다. 2학년 음악시간에는 김건모의 〈스피드〉 노래에 맞춰, 친구와 함께 김건모의 코믹한 춤을 따라 췄다. 추는 나도 신났지만, 보는 사람들은 우스꽝스러운 우리의 모습에 더 즐거워했다.

스무 살이 되고 본격적으로 춤을 배웠다. 동네에 있는 '재즈힙합 아카데미' 예전부터 눈여겨봤다. 언제 갈지 고민만 했었다. 하루는 마음먹고, 입구에서 서성인 뒤, 문을 열고 들어갔다. 갈색 긴 머리의 예쁜 선생님이 나를 반겨주었다.

"어떻게 오셨어요?"

"춤 배우려고요!"

대답하는 목소리는 결단에 차 있었다. '드디어 내가 댄스학원에 다니는구나. 드디어' 혼자 감격했다. 일주일에 3번 월수금 저녁 10시부터 11시 반까지. 빼먹지 않으려 했다. 춤출 때 거울에 비친 내 모습이 좋았다.

'나 꽤 잘 따라 하고 잘 추네, 간지 좀 나는데?'

선생님이 되겠다고 굳이 재수를 했다. 03학번 교육학부로 입학했다. 어느 날 댄스동아리 모집 공고가 내 눈에 띄었다. 1초도 고민하지 않았다. 오디션에 바로 지원했다. 나보다 4살 어린 선배님들이 심사를 했다. 어떻게든 붙고 싶어서 웨이브로 마구 몸을 꺾었다. 인정사정없이 흔들어댔다. 발표는 저녁에 개별적으로 준다고 했다. 저녁까지 어떻게 기다리란 말인가. 그날따라 시간도 더디 갔다. 집에 도착해서 저녁을 먹고, 핸드폰을 열어보니, 합격문자가 와 있었다. '합격' 단어를 보자마자 내 방에서 미친 사람처럼 점프를 했다. 소리도 질렀다. 괴성이었을 거다 아마도. 머리가 천장에 닿은 것도 같다.

졸업 후, 뮤지컬에 빠져 뮤지컬 전문학원에 다녔다. 재즈댄스를 등록했다. 다리를 무조건 찢어야 했다. 수업을 듣는 친구들끼리 서로 다리를 눌러주기도 하고, 선생님이 지나다니면서 눌러주기도 하셨다. 내 몸뚱이인데 내 맘대로 되지 않았다. 왜 이렇게 몸이 굳어 있는 것인가. 언제쯤이면 다리가 내 맘대로 될까. 다리 찢는 시간은 고통이었다.

아마추어 뮤지컬 동호회 활동을 했다. 내 주위에 뮤지컬을 좋아하거나 직접 하려는 사람은 나밖에 없었다. 나 같은 사람이 있다는 게 신기했다. 매주 주말은 공연 연습을 했다. 프로 배우인 양, 대본을 외우고, 동선을 만들고, 상대 배우와 합을 맞춰보았다. 배우인 척 공연 연습을 했다.

춤만 따로 추는 모임을 만들고 싶었다. 내 맘대로 안무 수업을 만들어보기도 했다. 첫 댄스학원 선생님께 배운 스트레칭과, 뮤지컬 안무들을 가르쳤다. 내가 다른 사람들에게 춤을 가르쳐주다니. 춤이 좋아서 췄을 뿐인데, 어느샌가 나는 춤을 가르치는 사람이 되어 있었다. 이 경험은 놀랍게도 대학로 뮤지컬 무대로 이동하는 기회를 주었다. 안무 지도 부탁을 받은 거다. 뮤지컬 작품에 참여하게 되면서, 배우들과 작품을 같이할 수 있었다. 배우들과 작업을 하다 보니, 예전에 꿈꿨던 배우도 해보고 싶었다. 배우 오디션에 도전했고, 그토록 내가 바라던 뮤지컬 배우를 할 수 있었다.

춤을 안 췄다면 내가 뮤지컬 배우까지 할 수 있었을까. 좋아하는 것을 계속했을 뿐이었다. 좋아하다 보니 잘하고 싶어서 계속 배웠다. 그리고 도전했다. 난생 처음 해보는 배우, 무대에 서는 것조차 쉽지 않았다. 팔과 다리, 분명 내 몸인데, 내 맘대로 움직이지 않았다. 어찌나 어색한지. 나는 누구? 여긴 어디? 무대에서 걸어 다니는 것조차 어색했다. 3개월 공연하는 동안, 매일같이 긴장하며 무대에 올랐다. 마지막 공연을 끝마쳤을 때는 그 동안 긴장감이 한꺼번에 풀려서, 며칠을 집에 누워 있었다.

누군가 내게 인생에서 가장 중요한 한 단어가 뭐냐고 묻는다면, '도전'이라고 말한다. 그동안의 도전은 내 삶을 펄떡펄떡 뛰게 했다. 삶의 활력소였다. 포기하고 싶고, 힘든 순간도 많았지만, 결국 끝나고 나서는 하길 잘했다 생각했다. 안 했다면 하지 못한 거에 대한 후회만 했을 거다. 도전을 해서 실패했든 성공했든, 어쨌든 했다는 것에 의미를 뒀다.

작년부터 새로운 도전을 시작했다. 한복을 좋아한다. 명절 때만 입는 게 아쉬웠다. 혼자 진지하게 이런저런 방법을 궁리해 봤다.

'한복을 다양하게 여러 번 입을 수 있는 방법이 뭐가 있을까?'

어떻게 하면 한복을 자주 입을 수 있을까. 계속 고민했다. 어느 날 우연히 한복모델 선발대회 사진을 보게 되었다.

'한복 모델 선발대회?! 이런 대회도 있었구나.'

한복 모델만 된다면 원 없이 한복을 입을 수 있겠다 생각했다. 모델 준비를 하다 보면, 자연스럽게 예뻐지기도 하지 않을까. 이거야말로 '일석이조'다. 한복 모델이 되는 방법을 검색했다. 일대일 수업을 찾을 수 있었다. 연락처를 알아내서 바로 연락을 했다. 포즈와 자태를 배우며, 예선에 지원했다. 예선장에 가보고 깜짝 놀랐다. 우리나라 예쁜 사람들이 여기다 모여 있었다. 이렇게 다 예쁜데 누구를 뽑는단 말인가. 도전할 때는 항상 될 거야라고 밀어붙여 왔다. 모델은 쉽지 않았다. 계속 쉽지 않을지도 모르겠다. 아무튼 계속 도전할 거다. 떨어지면 상처 좀 받겠지만, 안 하고 후회하는 거보다 낫다.

"우물쭈물하다 내 이렇게 될 줄 알았다."

아일랜드 작가 버나드 쇼가 묘비명에 적은 글이다. 들은 순간부터 내 가슴에 팍 꽂혔다. 그래서 겁 없이 도전하고 있는지도 모르겠다. 죽는 순간, 말하고 싶다. 적어도 우물쭈물하지는 않았다고, 하고 싶은 거 다 해봐서 원이 없다고. 그래서 계속 도전한다.

재은아, 하고 싶은 것 다 해보자. 파이팅

단순한 것에 집중하라

윤태진

세상의 일은 십 년 만 하면 달인이 된다고 하는데 목회는 그렇지 않은 것 같다. 십 년의 두 배를 했는데도 여전히 어렵다. 지금 사역하는 교회에 새롭게 부임했을 때도 그랬다. 나름대로 자신이 있었다. 목회를 20년 이상 하면서 배운 것도 많고, 가는 곳마다 인정을 받았고, 잘 할 수 있는 것도 꽤 있다고 생각했다. 그래서 의욕을 갖고 사역을 시작했다. 열심히만 하면 되는 줄 알았다. 늘 그래 왔으니까……

다양한 방법으로 전도를 시작하였다. 남들이 잘 하지 않는 방법들이었다. 내 성격상 남들이 하는 것은 잘하지를 않는다. 그래서 전도도 차별화하였다. 여름엔 슬러시 음료 전도, 부활절엔 삶지 않은 달걀 한 팩씩(10구)을 길거리에서 랜덤으로 안겨 주었고, 겨울엔 풀빵을 직접 구워서 나눠 주었다. 또한 교회 내부적으로는 이것저것 고쳐가며 환경을 바꿔 보려 했다.

그러나 너무 복잡한 것이 문제였다. 너무 많은 것을 하려고 했던 것도 문제였다. 교인들은 하나만 바라고 있었다. 목회자가 생각하는 관점과 교인들이 바라는 견해는 평행선을 긋고 있었다. 그 선은 서로가 만날 수 없는 선이었다. 어떻게 하면 이 간격을 좁힐 수 있을까? 어떻게 하면 행복한 길을 갈 수 있을까? 그러한 고민을 계속하던 중, 내가 바라는 것이 아닌 교인들이 원하는 것을 찾기 시작했다. 어떤 사람들은 이렇게 말하기도 한다. 다수가 하나에게 맞추면 되는 것이라고 …… 그러나 나는 한 명이 다수를 맞추는 방법을 택했다.

그 하나는 소통을 위한 집중이었다. 소통은 상호 간 관계에서 비롯된다. 그럼으로 진정한 소통을 위해선 신뢰가 뒷받침되어야 한다. 또한 신뢰 구축을 위해선 목회자의 진심 어린 섬김이 필요했다. 부임하고 1년 정도를 서로 다른 길을 가고 있었다. 정확히 말하면 내가 그 길을 맞추고 있지 못한 것이었다. 그러한 상황 속에서 우리 부부는 많이 힘들어 했다. 더 이상 이러한 상태에 있지 않기를 원했다. 그런 감정을 빨리 떨쳐 버리고 싶었다. 그러한 감정은 오히려 우리를 더욱더 한 가지에 집중하게 하였다. 하루에 한 명을 감동시키기로 마음먹었다. 소통과 신뢰를 위해서였다. 전화 통화를 해서 안부를 물었다. 전화하는 것 참 싫어하는 나로서는 대단한 결심이었다. 그러니 교인들이 놀라고 당황할 수밖에…… 어떤 분은 짧게, 또 다른 분은 길게…… 당황하던 교인들은 담임목사의 전화를 좋아하였다. 생일을 맞은 나이 많은 권사님들에겐 아내가 아침 일찍 미역국을 끓여 현관문을 두드렸다. 그리고 뜨끈뜨끈한 냄비를 들고 생일 축하 노래를 불러드렸다. 교인들이 아프다면 어디든지 달려갔다. 그럼에도 불구하고 아직도 많이 부족함을 느낀다. 그래서 또 하나의 챌린지를 시작해서 진행 중이다. 52주 감동 챌린지이다.

코로나가 발생하고 교회에서 밥을 먹어 본 적이 없다. 정부의 방역 지침이 그렇다 보니 감히 꿈도 꿀 수 없었다. 밥상공동체의 교제가 너무 중요한데도 할 수 없으니 가까이할 수 있는 기회도 줄어들었다. 그래서 52주 감동 프로젝트를 시작하였다. 예배가 끝나고 가실 때 빈손으로 돌려보내 드리지 않으려 노력한다. 매주 해야 되는 일이라 가성비가 좋은 것으로 선택했다. 옥수수 한 자루, 추석 때 고향에 가서 주워온 밤 한 움큼씩, 복숭아 하나, 사과 하나, 빵 하나, 바나나우유, 살균 티슈 등 다양했다. 우리 교인들이 매우 좋아하셨다. "목사님! 이 시간이 기다려져요" 하는 분도 계셨다. 이 모든 것이 원 워드 소통을 위한 신뢰를 쌓기 위한 노력이다.

교인들과 삶의 소통을 위해서 이러한 노력이 있었다면, 영적으로는 예배에 집중했다. 코로나 팬데믹으로 아무것도 할 수 없는 상황 속에서 우리는 처음부터 모든 예배에 영상을 접목시켰다. 아직 수적으로는 많지 않은 교회이지만 하루도 빠짐없이 설교하며 목회자의 변함없는 모습을 보여 주었다. 우선은 나 자신이 하나님 앞에서 게으르지 않으려고 한 것이고, 이렇게 집중하는 것도 교인들에게 신뢰를 얻는 길이라 생각했다.

소통을 위한 집중은 크지는 않지만 아주 미미하게 나타나고 있다. 내가 할 수 있는 열 가지를 다 하지 않아도 지금 이 상황에서 가장 필요한 것 단 한 가지 '소통'을 위해 집중하면 그다음 단계로 도약할 수 있을 것이라 믿는다. 이제 시작이고, 이러한 노력은 앞으로도 계속되어야 할 것이다.

복잡해지지 말고 단순해지자, 더 단순해지자!

지금 제일 중요한 것이 무엇인지 파악하는 것이 중요하다. 파악이 되었다면 그것을 한 단어로 압축시키는 것이다. 그리고 이제는 그 단어만을 생각해야 한다. 그 원 워드를 성공시키기 위해서 해야 되는 실천사항을 적어본다. 모든 실천사항들은 자신이 정한 원 워드로 향해야 한다. 무엇을 하든지 항상 한 가지만 생각하고 실천하다 보면 때가 되어 좋은 결과물로 나타나게 될 것이다.

당신의 원 워드는 무엇인가?

1만 시간의 치열한 여정,
이제 '도약'을 꿈꾼다

석윤희

2012년 늦여름 어느 날, 아직도 기억이 생생합니다.

아이가 놀이터 바닥에 쪼그리고 앉아 무언가를 오랫동안 쳐다보고 있었습니다. 친구들과 놀다가도 갑자기 땅을 쳐다보고 무언가를 관찰하는 일이 반복되자 전 이렇게 생각하기 시작했습니다.

'친구들과 놀다가 왜 갑자기 혼자 떨어져 저런 행동을 하지? 다른 아이들과 못 어울리는 건가? 친구들과 관계를 맺는데 무슨 문제가 있나? 그냥 두면 안 되겠는데……'

충분히 있을 수 있는 일이었는데 무지한 초보 엄마였던 저는 뭔가 대책을 세워야 한다고 생각했습니다. 그래서 부모교육 강의를 듣기 시작했습니다. 이것이 아이를 친구들과 잘 어울리는 아이로 변화시키는데 도움이 될 것이라 생각했기 때문입니다. 그러나 강의를 듣고 강사님과 상담을 하며 깨달았습니다. 아이가 문제가 있는 것이 아니라 아이를 바라보는 제 시선이 문제가 있었던 것을요. 이를 계기로 부모

내 인생을 바꾸는 한 단어의 힘, 원워드

교육의 필요성을 더욱 느끼게 되어 계속 강의를 들었습니다.

두 번째로 듣고 있던 부모교육 강의가 끝날 때쯤, 계속 강의를 듣고 싶다는 저의 생각을 강사님께 말씀드렸습니다. 그러자 강사님께서 저에게 부모교육 강사 양성과정을 추천해주셨습니다. 일반 부모교육 강의보다 시간도 길고 더 전문적인 내용을 들을 수 있다고 말씀하셨습니다.

'부모교육 강사 양성과정?'

강사라는 직업을 한 번도 생각해보지 않았기 때문에 처음에는 당황스러웠습니다. 그래도 궁금했기에 조사해 보았습니다. 15시간의 일반 부모교육 과정과는 달리 강사 양성과정은 6개월 이상의 시간이 걸리고, 읽어야 할 필독서와 많은 과제물이 있는 과정이었습니다. 결혼 후 주부로만 살아온 7년의 시간과 두 명의 어린 아이들이 저를 망설이게 했지만 도전하기로 결심했습니다.

바른 교육관 갖기 강사 양성과정을 시작으로 글쓰기 독서강사 양성과정에 이르기까지 매년 관련 분야의 자격증을 따면서 부모교육과 청소년교육 분야에 대한 안목을 넓혀 갔습니다. 그리고 비슷한 시기에 논어, 명심보감, 그리스 로마신화 등 인문고전에 관심을 갖게 되어 꾸준히 인문독서도 하게 되었습니다. 이렇게 지내고 있던 2015년 가을, 강사로서 제 자신에 대한 확신을 가질 수 있게 된 두 번째 도전의 기회를 만났습니다.

당시 제 아이에게 미술을 가르치시던 선생님이 계셨는데, 당신이 강의 나가고 있는 도서관에서 함께 강사로 활동해보지 않겠냐고 물으

삶을 읽다. 마음을 나누다

셨습니다. 강의를 제안해주신 것이 너무 감사했습니다. 왕복 190km 의 3시간 거리를 격주 토요일마다 가야 하는 일이었지만 기꺼이 받아 들였습니다. 그리고 그해 겨울, 겨울 방학 특강으로 어린이 그리스 로 마신화를 단독으로 강의하게 되었습니다, 감사하게도 특강이 끝난 이후 매주 금요일, 격주 토요일에 제 강의가 정규로 편성되어 인문학 강 사로서 강의하게 되었습니다.

'시작했으니 만 3년은 최선을 다해 강의한다!'

이런 마음으로 시작해서일까요? 어린이 인문학 강의는 다음해 성인 인문학 강의로 이어졌고, 그리스 로마신화로 시작했던 강의는 논어, 명심보감 강의로 이어졌습니다. 인문학에 푹 빠져 공부하고 강의했던 최고의 시간이었습니다. 감사하게도 스스로에게 약속했던 만 3년의 시간을 이곳에서 보내고 강의를 마무리할 수 있었습니다.

부모교육 강사 양성과정이라는 첫 번째 도전으로 성공 경험을 쌓았습니다. 이 경험은 다른 도전의 기회를 제공했고 인문학 강사로 성장할 수 있었습니다. 그리고 이 성장은 꾸준히 다른 도전을 할 수 있는 원동력이 되었습니다. 아침 일찍 두 아이를 어린이집에 데려다주고 강의를 들으러 다닌 것이 엊그제 같은데 어느덧 9년의 시간이 흘렀습니다.

'1만 시간의 법칙'이라는 말이 있습니다. 이것은 어떤 분야의 전문가가 되기 위해서는 최소한 1만 시간 정도의 훈련이 필요하다는 법칙인데, 1만 시간은 매일 3시간씩 10년간 노력을 기울였을 때 걸리는 시간입니다. 2022년은 제가 부모교육 분야를 시작으로 공부하고 성장한

지 10년째가 되는 해입니다. 그래서인지 '1만 시간의 법칙'이라는 말이 더욱 의미 있게 다가옵니다.

부모교육과 청소년교육 강사로 성장해 온 지난 9년의 시간, 제 삶의 원 워드는 성장을 위한 '도전'이었습니다. 이 도전을 바탕으로 1만 시간의 치열한 여정 끝에 선 지금, 저를 이끌고 있는 원 워드는 '도약'입니다. 그동안 저는 제 삶의 리더로 살아왔습니다. 이제는 저의 도전과 성장 경험을 바탕으로 누군가에게 힘이 되고 용기를 줄 수 있는, 그들의 길을 밝혀주는 리더로의 도약을 준비합니다. 도전을 통해 제 자신의 성장을 경험했습니다. 이제는 다른 사람의 성장을 도우려 합니다. 이것이 제가 꿈꾸는 '도약'의 핵심입니다.

chapter
2

당신은
도전자입니까

기존의 내가 하기 어려웠던 일, 도전

이재욱

___

대학원 졸업을 앞두고 취업의 문이 보이지 않았다. 여러 대기업에 원서를 넣었지만, 서류에서 모두 탈락했다. 내가 생각한 문제는 영어였다. 중학교 때부터 손 놓았던 영어가 결국 지금에 와서 발목을 잡고 있었다. 결단을 내려야만 했다. 죽이 되든 밥이 되든 계속해서 취업 준비를 하든지, 아니면 내가 문제라고 생각하는 영어를 한번 잡고 갈 것인지. 고민 끝에 결정을 내렸다. "나의 아킬레스건인 영어, 한번 극복해 보자"라고. 그렇게 나는 졸업 논문을 제출하자마자 필리핀 4개월, 캐나다 2개월 어학연수를 떠나게 되었다. 필리핀에서 기초를 쌓고, 캐나다에서 실전 경험을 한 뒤 돌아와서 하반기 취업을 노려볼 계획이었다.

필리핀에서 하루에 5시간만 잤다. 새벽 5시부터 자정까지 깨어 있는 시간 동안은 영어 공부만 했다. 한국인들과 어울려 말하는 것도 자제했다. 태어나서 이렇게 열심히 공부한 적이 있었던가라는 생각이

들 정도였다. 4개월의 시간이 지나니, 이제 아주 조금 영어가 들리기 시작했고, 내가 하고 싶은 이야기를 짧은 영어로 말할 수 있었다. 4개월 동안 기적적인 변화는 일어나지 않았다. 필리핀에서 얻은 성과라면 영어에 대한 두려움이 조금 사라졌다는 것이다.

필리핀에서의 공부를 마무리하고 캐나다로 떠났다. 밴쿠버에 있는 CSLI 어학원에 다녔다. 사우디아라비아, 멕시코, 유럽, 일본, 중국, 한국 등 다양한 국적의 학생들이 있었다. 필리핀에서는 선생님과 1:1로 수업이 진행되었지만, 캐나다에서는 선생님 한 분에 여러 학생이 참여하는 그룹 수업으로 진행되었다. 쿠킹클래스, 등산하기, 공원 산책, 자전거 타기, 실내암벽등반, 카약체험 등 다양한 활동을 하면서 자연스럽게 영어를 접하고 말할 수 있는 것도 큰 차이점 중의 하나였다.

어학원을 다니면서 발런티어가 되면 무료로 어학원을 다닐 수 있다는 사실을 알게 되었다. 하루 절반의 시간은 스태프로 일하고 나머지 시간은 무료로 수업을 듣는 것이다. 처음 발런티어를 알게 되었을 때 그저 부러운 기회로 여겨졌다. 나는 이미 두 달이라는 기간을 정해 놓고 캐나다로 왔기 때문에 내가 할 수 없는 일로 여겨졌다. 하지만, 지인의 응원과 조언이 힘이 되었고 그 기회를 내가 한번 잡아보겠다고 마음먹게 되었다. 마음을 먹는 순간 상황들은 만들어졌다. 예약해두었던 비행기는 일정 부분 수수료만 내면 변경이 가능했다. 학원비는 무료였기 때문에, 생활비만 있으면 되었다. 생활비를 아끼기 위해서 홈스테이에서 나와서 셰어하우스를 알아보았다. 함께 자취할 룸메이트도 구했다. 같은 어학원을 다니던 한국인 동생이었는데, 흔쾌히 나의 제안을 받아주었다.

발런티어가 되어 4개월 추가로 무료 수업과 함께 현지인들과 일을 할 수 있는 경험을 하게 되었다. 사실 발런티어로 일하기 전까지만 해도 외국인들과 이야기하는 것에 대해 자신이 없었고 소통에 어려움이 있었다. 스태프가 되어 캐나다인들과 직접 부딪치면서 일을 하다 보니 점차 외국인들과의 소통에 자신감을 가지게 되었다. 그렇게 나는 캐나다에서 스태프 및 선생님들과 친구가 되었을 뿐만 아니라 300명이 넘는 세계 각국의 유학생들과도 친구가 될 수 있었다.

한국으로 돌아온 지 어느덧 5개월이 지났다. 그리 높진 않지만, 토익과 말하기 점수도 만들었다. 그러나 취업문은 쉽사리 열리지 않았다. 여전히 서류에서 탈락을 맛보고 있었다. 영어만 되면 취업도 잘될 것 같았는데, 호락호락하지 않았다. 자신감이 점점 떨어져 가고 있었다. 그러다 우연히 세바시에서 "꿈꾸는 삶을 발견해내는 방법"이라는 주제로 강연을 하는 이동진 도전자를 알게 되었다. 아마존 마라톤과 히말라야 정상도 오르고 독도 횡단 수영 등 다양한 도전을 한 이동진 도전자였다. 하지만 그도 취업을 앞두고 고민을 하였고, 몽골을 말로 횡단하며 자신이 진정으로 원하는 것이 무엇인지 대화를 해보기로 하였다고 한다. 그리고 그 과정을 영화 〈고삐〉로 만들었다. 전국 소년원 릴레이 시사회를 진행하며 소년원의 아이들에게 희망을 주고 있었다.

이동진 도전자를 만나고 싶었다. 소년원 현장에 함께하고 싶었다. 페이스북을 통해 광주소년원과 제주소년원 두 곳의 일정이 남았다는 사실을 알게 되었다. 메신저로 연락을 보냈다. "광주소년원에 가서 진행하고 계신 프로젝트를 직접 눈으로 보고 현장을 느껴보고 싶습니다. 무엇을 느끼고 싶은지는 저도 잘 모르겠습니다. 이동진 님이 왜 몽골에서 말을 타고 이동했는지 모르겠지만, 그곳에서 의미를 찾은 것처럼, 저 또한 지금 그냥 가슴이 시키는 일이라 문의드립니다." 가난한 취업 준비생이었던 나는 현실적으로 제주소년원보다는 광주소년원을 함께하고자 하였다.

이동진 도전자로부터 "광주에 계신 거 아니시죠?"라는 답장이 왔다. 소년원 방문 당일이었다. 연락한 게 뒤늦게 생각이 나서 광주에 도착 후 연락을 준 것이다. 이동진 도전자의 물음이 오늘 광주에 있지 못함에 대한 아쉬움이 되어 찾아왔다. 그리고 그 아쉬움은 마지막 남은 제주도를 가야겠다는 행동의 발판이 되었다. 그 길로 항공권을 예매했다. 당일 아침 일찍 갔다가 저녁 늦게 돌아오는 비행기였다. 그렇게 다시 이동진 도전자에게 행사 참여가 가능한지 물었고, 필요한 손길이 있다면 돕겠다고 말했다. 다행히 이동진 도전자는 다음과 같이 말하며 동행을 허락해 주었다.

"제주도 가서 함께 아이들에게 힘주고 옵시다!"

세바시에 나온 강연가가 나를 만나 줄까 하는 두려움이 있었지만, 마음이 시키는 대로 연락을 취했기에 이동진 도전자를 만날 수 있었다. 영어를 못했기 때문에 극복해 보고자 해외에서 살아보는 경험도 했다. 캐나다에서는 인터넷에서 검색해도 나오지 않는 발런티어라는 것을 알게 되고 무료로 영어 공부할 기회도 잡을 수 있었다.

《당신은 도전자입니까》 책의 이동진 작가는 말한다.

"기존의 내가 하기 어려웠던 일을 해내려고 하는 것은 뭐든 도전이 될 수 있다."라고.

거창한 도전도 좋지만, 기존의 내가 하기 어려웠던 일을 지금 한번 시도해 보자. 시작하지 않은 사람에게는 아무런 변화도 없다. 일단 시작하면 그곳에서 나처럼 새로운 기회를 만날지도 모르니까 말이다.

걱정과 두려움을 넘어 한 걸음 내딛는 용기

이은혜

2020년 12월, 연간 독서모임 회원을 모집하는 글이 가끔 보였다. 늘 책을 가까이하면서도, 독서모임은 용기가 부족해 한 번도 참여해 보지 못했다. 고민하다 〈목책모〉 연간 회원에 등록했다. 모임에서는 독서모임 뿐만 아니라 바인더 모임, 서평단 모집, 저자특강 등 여러 가지 활동을 하고 있었다. 회원들과의 활발한 소통으로 다양한 정보도 오가고 있었다.

1월이 되어 처음으로 온라인 줌ZOOM모임에 참여했다. 주제 책은 《원 워드》였다. 돋보기로 한 곳에 빛을 모으면 무언가를 태울 수 있듯이, 관심과 열정을 한 곳에 모으면 높은 에너지를 가질 수 있다고 강조하는 책이었다.

원 워드를 선택해 인생을 바꾸는 한 단어의 힘을 느껴보고 싶었다.

'나는 무엇이 필요한가, 내게 방해가 되는 요소는 무엇인가, 왜 그 길을 가야 할까.' 진지하게 생각해 보는 시간을 가졌다. 일단 나는 성장하고 싶었다. 아이 셋을 키우며 오랜 시간 가정주부로 살다 보니 아쉬운 점이 많았다. 소속감을 느끼고 싶었고, 주목과 인정, 칭찬도 받고 싶었다. 나아가 자아실현도 하고 싶었다.

처음엔 '성장'을 원 워드로 정할까 생각했지만 '절제'를 선택하고, 일상생활 전반을 점검하는 도전을 시작했다.

우선 시간 관리를 위해 낭비되는 시간을 줄이고자 애썼다. 오픈 채팅방에 올라오는 각종 글 읽기와 강의 듣는 시간을 줄였고, 뉴스 보는 시간도 줄였다. 폰 관리 앱을 깔고 시간을 아껴서 독서와 글쓰기에 충실하고자 노력했다.

건강관리를 위해 탄수화물 섭취량을 줄이고 간헐적 단식을 실천해 체중을 줄여나갔다. 마음 관리를 위해서는 걱정을 줄이고, 긍정적으로 생각하고자 애썼다. 기도하고 말씀 읽는데 시간을 더 투입했다.

가정관리에도 주부와 엄마로서 해야 할 일과 나를 위한 일에 균형을 맞추고 우선순위에 따라 일하고자 노력했다. 재정관리에도 불필요한 지출을 줄이고 꼭 필요한 것에만 돈을 썼고, 당근마켓을 이용해 비우기를 실천했다.

그렇게 2021년 '절제'를 원 워드로 잡고 실천에 옮겨왔다. 원 워드를 생각하며 도전한 결과 작은 변화와 성공들을 경험할 수 있었다.

2월 독서모임에서는 《당신은 도전자입니까》라는 책을 읽게 되었다. 책 제목을 나에게 물어보며 생각하는 시간을 가졌다. 저자의 삶이 워낙 강하고 대단해 보여서일까. 큰 도전을 이뤄낸 저자의 모습과 달리 가정주부로 조용히 지내온 내 모습은 도전자와는 거리가 멀어 보였다. 평소에 걱정과 두려움이 많은 편이었기에 더 그렇게 느껴졌다. 독서모임에서 나눔 시간이 있었는데 줌 화면을 꺼놓고 아무 말도 하지 않았다. 그저 다른 분들의 이야기를 들으며 다들 대단하시다고 감탄만 했었다.

몇 개월의 시간이 지나 독서모임에서 공저 쓰기 모임이 만들어졌다. 책 읽기를 지속하다 보니 작가가 되고 싶다는 막연한 꿈이 생겼기에 도전해 보고 싶었다. 한편으론 부족한 내가 글을 써도 되는지 두려운 마음도 들었다. 사람들 앞에 잘 나서지 않고, 글도 주로 비공개로 쓸 때가 많은 편이라 할 수 있을지 의문이었다.

작가가 되려면 마음과 생각을 드러낼 수 있는 용기가 필요했다. 고민 끝에 겨우 용기를 냈다. 하지만 저자의 도전 경험이 너무 크게 느껴져 마땅히 쓸 내용이 잘 생각나지 않았다. 못 쓰고 주저앉을 것인지, 생각이 많아졌다. 그러다 문득, 도전에 대한 정의를 너무 높게 보고 있는 건 아닌가 하는 생각이 들었다. 사전을 찾아보니 도전은 "정면으로 맞서 싸움을 걸다, 어려운 사업이나 기록 경신 따위에 맞서다" 이런 뜻이 있었다. 사람마다 기준이 다르겠지만 용기를 냈다면 그것이 무엇이든 다 도전이라고 말할 수 있을 것 같았다. 새벽 기상, 다이어트, 버리기 실천, 운동, 습관 잡기, 공부, 독서, 명상과 마음점검, 새로운 요리 배우기 등등 평범하고 소소하지만, 일상 가운데 작은 변화의 시작이 다 도전일 수 있었다. 생각을 바꾸니 내 삶에도 도전했다고 말할 수 있는 일들이 제법 있었다. 그 중에서 비중이 큰 두 가지를 골라 적어보기로 했다.

30대 후반에 시작한 공부와 1천 권 책 읽기 도전이 생각났다. 4살이 된 막내를 어린이집에 보내고 혼자만의 여유시간이 생겼다. 일이나 공부라도 하며 의미 있게 시간을 보내고 싶었지만 어떤 일을 해야 될지 막막했다. 전공 관련 일을 하기엔 너무 오래 돼서 기억도 잘 나지 않았고, 무엇보다 마음이 가지 않았다. 이전에는 눈치 보며 전공을 선택하고 후회했지만, 이제는 내가 원하는 일을 하고 싶었다.

내가 무엇을 잘하고 또 좋아하는지를 생각해봤다. 아이들을 돌보며 베란다에 식물들을 키웠는데, 식물과 함께하는 시간이 참 좋았다. 이왕이면 식물과 관련된 일을 하고 싶었다. 이리저리 알아보다 원예치료사라는 직업을 찾고서 가슴이 뛰었다. 평소 심리학에도 관심이 있었기에, 식물을 매개로 마음을 들여다보며 다양한 연령대의 사람들과 소통하는 일을 해보고 싶었다.

그때부터 원예 관련 공부를 시작했다. 평생교육원 학위취득 과정에 등록해 강의를 들었다. 남편 출근 후, 두 아이 등교시키고, 막내까지 어린이집에 등원시킨 뒤 학교로 향했다. 대학생들이 다니는 교정을 밟으며 꽃과 식물에 대해 배워 나갔다. 이론 공부와 실습을 병행하며, 중간, 기말고사도 치르면서 3학기를 보냈다. 집안에서만 머물다가 교수님과 동기들을 만나고 바쁜 일상을 보내니 모든 것이 새로웠다. 정신없이 바빴지만 보람과 즐거움이 있었다.

틈틈이 자격증 공부도 해서 화훼장식기능사, 화훼장식기사, 식물보호기사, 도시농업관리사, 복지원예사, 사회복지사 2급 자격증도 취득했다. 환경원예학 부전공 학위도 취득할 수 있었다. 서울을 오가며 정원 디자인 과정도 공부했다. 3년 가까이 나를 찾고, 앞으로 새로운 일을 감당하고자 바쁘게 공부하고 또 도전했던 시간이었다.

'할 수 있을까? 이 나이에 무슨.' 이런 머뭇거림이나 주저함이 아니라 용기 내서 도전했더니 '나도 충분히 할 수 있다'는 걸 확인할 수 있었다.

또 하나의 도전은 독서에 대한 도전이다. 마흔이란 나이를 좀 더 의미 있게 보내고 싶었다. 이제까지는 나와 내 가정만을 생각하며 살아왔다면 마흔 이후에는 좀 더 큰 그릇의 모습으로 살고 싶었다.

도서관을 방문했더니 많은 사람들이 책을 읽고 있었다. 책꽂이엔 수많은 책이 꽂혀 있었다. 한때는 책을 좋아했는데, 애들 키우느라 육아서 외에 다른 책에 전혀 관심 두지 못했던 내 모습을 보게 되었다. 도서관을 오가며 다시금 책에 관심을 갖게 되었다. 마흔에 대해, 또 앞으로 어떻게 살아갈지에 대해 여러 책을 찾아 읽기 시작했다.

책 읽는 고요한 시간이 너무도 좋았다. 세 아이를 챙기다 보면 하루가 정신없이 지나갈 때가 많았는데, 책을 읽으면서부터 조용한 나만의 시간을 가질 수 있었다. 책 읽기는 잃어버렸던 꿈을 찾게 해주었고, 인생의 여러 가지 새로운 도전들을 시작할 수 있게 해주었다. 몇 달 후에 전안나 작가를 만나고 1천 권 책 읽기도 도전하게 되었다.

나에게 도전이란 걱정과 두려움을 넘어 한 걸음 내딛는 용기였다. 이전에는 걱정과 두려움에 시도하지 못한 것들도 많았는데, 지나고 보니 후회가 되었다. 이제는 후회를 반복하지 않기 위해 용기 내는 삶을 살고자 애쓰고 있다.

새로운 부전공 공부와 1천 권 책 읽기 도전을 시작한 것도, 독서모임을 참가하고, 원 워드로 일상을 점검하기 시작한 것도, 이렇게 공저쓰기 과정을 신청한 것도 다 용기를 냈기 때문에 가능한 일이었다.

'할 수 있을까?'라는 두려움과 걱정이 들 때는 용기 내서 한 걸음만 더 내딛어보자.

한 걸음 한 걸음 걸어가다 보면 어느새 저만치 앞서서 웃고 있는 자신의 모습을 마주하게 될 것이다. 그 걸음이 우리의 삶을 변화와 성장으로 이끌어 줄 것이라 믿는다.

할까 말까 할 때는 하고, 갈까 말까 할 때는 GO를 외치며, 힘차게 도전하는 우리들의 삶이 되길 바란다.

삶을 읽다, 마음을 나누다

3 step이면 충분하다

윤태진

너무 어렵게 생각한 것이 문제였다. 대부분의 사람이 다이어트를 어렵게 생각한다. 나도 그랬다. 정말 어렵다. 나하고는 거리가 먼 것이라고 여겼다. 그래서 단 한 번도 체중 감량을 성공할 수 없었다. 그 이유를 곰곰이 생각해 보았다. 너무 단시간에 대단한 결심을 갖고 덤벼들었기 때문이다. 짧은 시간에 체중을 줄일 수는 있어도 지속되지 않아서 결국은 실패할 수밖에 없었다. 그렇다, 문제는 과욕이었다. 의욕은 대단했지만 활활 불타오르다 금세 꺼지고 말았다. 열정적인 의욕을 지속시켜 줄 무엇인가가 필요했다. 밥 먹는 것, 씻는 것, 운전하는 것…… 이러한 것들은 말하지 않아도 지속할 수 있다. 늘 하는 것이라 할 수 있다. 이것을 습관이라고 말한다.

다이어트를 위한 운동도 습관이 필요했다. 아주 작은 것이어도 좋다. 남들이 그런 거 해서 뭐하냐고 비웃어도 괜찮다. 습관이라는 옷이 몸에 잘 맞게 되면 그 진가를 알게 될 것이다. 작심3일을 지속시켜 주는 것은 열정이 아니고 습관이다. 이 좋은 습관을 익히는데 3 step이면 충분했다. 이동진 작가의 《당신은 도전자입니까》를 읽다가 이 단어에 확 마음이 끌렸다. 너무 단순했다. 이 3 step을 당장 운동에 적용했다. 할 수밖에 없는 상황으로 환경을 설정하는 것이었다.

너무 간단했다.

1단계-시동을 튼다. 2단계-운동장으로 간다. 3단계-걷는다.

그렇게 결심하고 나서 매일 하루도 빠지지 않고 3 step을 꾸준히 실천했다. 이게 정말 될까 하는 의구심을 가질 정도로 너무 쉬웠다. 차 시동을 트니 운동장에 갈 수밖에 없었고, 운동장에 도착하니 걸을 수밖에 없었다.

1단계 시동을 틀고, 2단계 운동장에 가는 것은 동일했지만, 3단계는 시간이 지남에 따라 조금씩 달라졌다. 정확하게 계획된 일은 아니었지만, 내 몸이 다음 단계로 넘어가도 된다는 신호를 보내왔다. 3 step의 첫 단계는 400m 트랙을 한 바퀴만 걷는 것이었다. 그 기간은 한 달 걸렸다. 3 step의 두 번째 단계는 1km를 뛰는 것이었다. 그 기간도 한 달이 걸렸다. 그렇게 하다 보니 5km를 뛰고 싶었다. 그래서 지속했는데 그렇게도 한 달을 지속할 수 있었다.

이게 끝이 아니다. 그렇게 또 한 달을 지내다 보니 놀라운 일이 생겼다. 10km로 점프하게 된 것이다. 왜 이것이 놀라운 일인가 하면 원래 계획은 한 6개월 정도나 지나서 이 계획을 실행할 수 있겠다 싶었기 때문이다. 그런데 그 시기가 너무 빨리 찾아온 것이다. 때론 계획대로 이루어지는 일도 있는 것이구나~ 하며 또 다른 성취감을 맛보게 되었다.

현재는 또 목표가 바뀌었다. 10km를 100회 달려 보는 것이다. 이 챌린지도 벌써 97회째 이루어 가고 있다. 물론 원했던 체중 감량도 벌써 10kg을 해냈다. 허리 사이즈가 36인치에서 3인치 줄은 33인치가 되었다. 지금 너무 기분 좋고 행복한 매일을 보내고 있다.

목표를 어디에 두느냐가 중요하다. 처음부터 체중감량에 두지 않았다. 처음 목표는 지속할 수 있는 습관을 갖는 것이었다. 습관만 되면 어렵지 않을 것이라고 생각했다. 습관을 목표로 두자 체중계의 숫자는 의미가 별로 없었다. 습관만 제대로 갖추어지게 되면 체중감량의 결과가 분명히 나타날 것이라고 믿었다. 그 믿음은 나를 실망시키지 않았다.

누군가는 이렇게 말했다. 위대한 일을 위해서 대단한 도전이 필요하지 않다. 단지 순간순간의 작은 도전이 모여 위대한 일을 이루어간다. 아주 작은 습관의 힘을 중요하게 여겨야 한다. 처음부터 위대하게 된 사람도 없고, 기업도 없다. 모두가 1에서 시작했다. 그러나 우리가 분명히 기억해야 하는 것은 당신은 그 '1'을 지속시켰는가 하는 것이다.

나는 그 '1'이 쌓여 분명히 좋은 결과가 나타날 것으로 기대했다. 최근 7~8개월에 걸쳐 나타난 이 변화는 복잡하고 대단한 도전으로 일어난 것은 아니다. 정말 이러한 노력으로 될까 하는 조금 조금, 순간 순간의 도전들이 모여 결국은 이때까지 한 번도 이루지 못한 성취를 맛보고 있다.

충분히 성취감을 맛본 나로서는 또 다른 도전을 계속해 가고 있다. 이제는 근력운동에 도전한다. 막내딸은 내 복근을 보고 싶어 한다. 이전엔 꿈도 꾸지 못했던 일이다. 그런데 지금은 다르다. 지금부터라도 팔굽혀펴기 한 번씩 하면 된다.

하나의 힘은 대단한 것이다.

새해가 시작되면서 교인들에게 이와 같은 방식을 적용했다. 하루 한 장 성경을 읽자는 제안이었다. 하루 세 장, 주말에 두 장을 읽으면 일 년에 성경 1독을 할 수 있다고들 한다. 그런데 그것도 쉽지 않은 일인 것 같다. 이러한 것을 많이 보아 왔기에, 속도는 늦어도 길게 오래 갈 수 있는 방법을 생각했다. 그것이 바로 하루 한 장 성경을 읽는 것이었다. 교인들은 잘 따라와 주었다. 어렵지 않게 잘 읽었다. 몇 개월이 지나니까 이제는 안 읽으면 이상할 정도가 되었다. 공동체 습관형성이 이루어진 것이다. 1월 1일에 시작한 신약성경 통독이 9월 23일에 마쳐졌다. 공동체의 성경통독 도전이 아주 작은 습관으로 이루어지게 된 것이다.

무엇인가에 도전해 보고 싶다면 꼭 제안하고 싶은 것이 있다. 제발 처음부터 많이 하려고 하지 말 것, 단기간 체중을 급격하게 줄이려고 하지 말 것……, 이 모든 것은 실패로 가는 지름길이다. 하나에 최선을 다하되 재미있게 즐기면서 해야 한다. 습관이 형성되면 그 시간이 기다려진다. 운동하러 가는 시간이, 책 읽는 시간이, 공부하는 시간이, 자전거 타는 시간이 기다려진다. 기다려지지 않는 시간은 성공할 수 없다. 몸이 자동적으로 반응하는 습관형성은 무엇이든 도전하여 성취하게 만든다.

도전은 습관에서 시작된다.

지금도 위대한 도전을 위해 계속 습관 형성 중이다.

내 안의 잠재력을 발견하다

이은아

'도전'이라는 단어는 '맞서 싸움' 또는 '불굴의 의지'를 연상시킨다. 사람들은 처음에는 무슨 일이든 도전하려고 애쓰지만, 어느 순간 타성에 젖어 도전하기를 멈추거나 "도전은 나의 영역이 아니다."라며 자기 합리화를 시키면서 포기하는 경우가 많다. 하지만, 저자는 프롤로그에서 "네 안에 잠든 고래를 깨워라"고 말한 후 연이어 "우리는 모두 가슴 속에 고래 한 마리를 품고 살아간다. 그 고래는 절대 해낼 수 없을 것 같은 일에 무모하게 덤빌 때, 두려움을 피하지 않고 맞설 때 나타난다. 그게 얼마나 사소한 것이든 기존의 나를 넘어서려고 노력하면 내 안에서 아주 작은 변화의 싹이 트고, 그런 경험들이 쌓이면 내가 뭘 좋아하고 싫어하는지, 내 안에 어떤 잠재력이 있는지 알게 된다."라고 기술하고 있다.

'내 안에도 과연 숨겨진 잠재력이 있을까?'라는 궁금증을 가지고, 책을 읽어 내려가면서 내 삶에서 도전할 수 있는 것이 어떤 것이 있을

지 생각해 보았다. 직장에서는 수업하는 방법 배우기, 가정에서는 자녀와 소통하는 방법 배우기, 경제적인 부분에서는 살림의 지혜 배우기, 건강을 유지하기 위해서는 운동이나 영양에 관심 두기, 사회생활에서는 관계의 기술 배우기 등이 떠올랐다. 이 중에서 다음의 몇 가지 것들에 도전해 보기로 하였다.

첫 번째로 나는 학교에서 좋은 수업 만들기에 도전해 보기로 하였다. 1학년 부장으로서 1학년 수업에 들어가시는 선생님들을 격려하고 응원하며, 좋은 수업이 나올 수 있도록 고민을 하던 중 "1학기 자유학년제 수업 활동 전시회"에 대하여 구상을 하게 되었고, 방학 동안 준비하여 "1학기 자유학년제 수업 활동 전시회"를 2학기 초에 열 수 있게 되었다. 또한, 2학기를 준비하며 자유학년제 수업에 대한 온라인 연수도 방학 중에 진행하였다. 예전의 나였다면 수업 활동 전시회를 기획한다거나 온라인 강의를 통해 연수하는 것에 대해 '나는 못 하는 일이야.'라는 생각에 도전조차 해보지 못하였을 텐데, 도전하기로 작정하고 조금씩 실행하기 위해 노력하다 보니 저자의 말처럼 내 안에 작은 변화의 싹이 트기 시작하였다. 이 도전을 통해 나의 숨겨진 잠재력을 발견하게 된 것이다.

먼저는 좋은 수업이 나올 수 있도록 회의를 주도하다 보니 이를 위해 다양한 인터넷 사이트를 검색해 보거나 책을 찾아보게 되었는데 그 과정에서 내게 좋은 수업을 만들고 싶어 하는 마음과 지속해서 배우고 성장하고 싶어 하는 마음이 있다는 것을 발견하게 되었다. 또한,

동료 선생님들도 수업 아이디어를 나누면서 성장하는 것을 보니 앞으로도 계속 수업에 있어서 동료 선생님들의 성장을 위해서도 도움이 되어야 하겠다는 열망도 발견할 수 있었다. 그리고 수업 활동 전시회를 앞장서서 하다 보니 수업 성장의 리더로서 학교의 변화를 주도하고 싶다는 바람도 생겼다.

두 번째로 머뭇거리지 않기에 도전해 보았다. 나는 결정하기 힘든 선택을 앞두고 늘 망설이고 재고 따졌었다. 책 내용 중 인상 깊었던 말은 "우유부단함을 벗어던지는 가장 빠른 방법은 일단 시작하는 것이다."라는 말이었다. 사실 무언가를 선택할 때 그것을 선택하기 전까지는 어떤 일이 생길지 아무도 모르는 상황이다. 그리고 "아무리 어려운 결정이라고 해도 결국 인생이라는 큰 관점에서 보면 생애 일어나는 한 가지 사건에 불과하다."라는 문장이 사소한 결정에도 어떻게 할지 힘들어하는 나에게 힘을 주었다.

그래서 나는 결정하기 힘든 상황을 만나게 된다면 일단 어느 쪽이든 머뭇거리지 않고 시작해보기로 하였다. 물론 무언가를 선택할 때 심사숙고해야 할 경우도 있겠지만 내 경우에는 머뭇거리는 일이 많았기에 도전해 볼 가치가 있었다. 예를 들어 '오늘은 독서모임을 갈까 친구를 만날까?'라는 갈등 속에서 어디를 선택하게 될지 망설여질 때 우선 아무거나 선택하고 경험해 보는 것이다. 그래서 예전이라면 옷을 고를 때도 이제까지 입었던 내 스타일의 옷이 아니라는 이유로 새로운 옷을 사기를 꺼렸을 텐데 최근에는 끌리면 과감하게 선택하고 경험해 보는 자유를 누리고 있다.

세 번째로 진로진학상담 대학원 과정에 도전해 보았다. 남은 교직 생활 동안 교사로서의 전문성을 더 키우고 싶은 마음에 올해 초 꿈 리스트를 작성할 때 대학원 도전이라는 키워드를 가지고 있었다. 바쁜 학교 일정 속에서 포기할까 하는 마음도 있었지만, 저자의 책 내용 중에 부모님께 배드민턴 선수가 되고 싶다고 설득하는 과정에서 "저는 제 미래에 제 가슴이 시키는 일을 하면서, 세계를 돌아다니면서, 제 삶을 창조하며 살고 싶습니다."라는 문장을 읽었을 때 나 또한 내 가슴이 시키고, 내 마음의 언어를 들으면서 살고 싶다는 바람이 있다는 것을 알게 되었고, 학생들에게 진로 교사의 전문성을 가지고 다가가고 싶은 가슴의 울림을 무시할 수 없었기에 도전하게 되었다.

처음에는 쉽게 대학원에 합격할 줄 알고서 안일한 생각을 하고 있었는데, 두 번째까지도 합격을 하지 못하니 낙심이 되었다. 그러나 마지막으로 다시 해보자 하고 세 번째 도전 끝에 대학원에 합격하였는데, 마음의 어려움을 이겨내고 원하는 것을 성취했을 때의 기쁨은 이루 말할 수가 없었다. 2021년 11월부터는 본격적으로 대학원 공부를 시작하였다. 물론 공부하는 과정에서 인내가 필요하고 고단한 과정도 따르겠지만, 앞으로 대학원 과정에서도 도전 정신으로 헤쳐나간다면 더 많은 것들을 새롭게 배우게 될 것이기에 기대가 된다.

네 번째로는 관계 기술에서의 새로운 도전도 있었다. 원래 내 성격은 상대방에게 마음을 여는 데 오랜 시간이 걸렸었지만, 반대로 내가 먼저 적극적으로 다가가 보자고 마음을 바꾸어 보았다. 그래서 오래된 친구에게 카톡으로 먼저 안부를 물어보기도 하고, 평상시 좋은 관계를 맺고 싶었던 사람에게도 먼저 다가가서 말을 걸어보기도 했다. 그러다 보니 이전에 없던 새로운 관계를 경험하면서 활력을 느낄 수 있었다. 그동안은 어린아이 같은 마음으로 사람들이 나를 챙겨주거나 알아주기를 바랐지만, 방법을 바꾸어서 내가 타인을 그렇게 대하다 보니 또 다른 기쁨이 나에게 차오르는 것을 느낄 수 있었다.

지금, 이 순간에도 나는 공저 책쓰기에 도전하고 있다. 처음에는 독서에 관심이 있고, 같이 책을 읽고 나눔으로써 함께 성장하는 것에 관심이 있는 사람에게 내가 경험한 것들이 도움이 될 것 같아 시작한 것이었지만, 그 첫발을 내딛는 것에도 많은 두려움과 걱정이 있었다. 하지만, 글을 쓰는 과정에서 내 삶을 다시 한 번 돌아볼 수 있었고, 책속의 내용을 실천했을 때 삶의 변화들이 있었음을 다시금 깨닫게 되어서 글을 쓰는 것의 기쁨 또한 경험하고 있다.

앞으로도 나는 삶에서 도전할 부분에 대해 계속 찾아볼 생각이다. 물론 때로는 새로운 세계로 들어가는 것이 쉬운 일은 아니겠지만, 아무것도 도전하지 않은 채로 5년이 가고 10년이 지나가게 되면 나는 그때 지나온 인생을 많이 후회할 것 같은 생각이 든다.

내 안의 껍질을 깨고 밖으로 나와서 경험한 세계는 정말 색다르고 배울 것이 많은 세계였다. "세상은 넓고 할 일은 많다."라고 했던가? 그만큼 도전할수록 나의 삶의 영역은 풍성해지는 것을 느낄 수 있었다. 또한 도전한 결과 나도 모르는 내 안의 잠재력을 발견하는 기쁨 또한 누렸다. 이 글을 읽고 있는 독자들도 도전해 봄으로써 다양한 세계를 발견하고 자신 안에 있는 잠재력을 발견했으면 좋겠다는 바람을 적어본다.

삶을 읽다, 마음을 나누다

두려움을 껴안으면 설렘이 된다

강선화

―――――――

"제가 할 수 있을까요? 정말 할 수 있을까요?"

"작년에 프랑스 사람도 등록했는데, 땄어요. 할 수 있어요."

"기간이 3개월이라면서요? 게다가 필기는 20문제 중에 두 개 이상 틀리면 탈락이라던데요. 제가 할 수 있을까요?"

계속되는 내 질문에 운전면허학원 원장은 더는 못 참겠는지 버럭 화를 냈다.

"할 수 있다고! 네가 못하면 누가 하니? 나도 믿고 이 선생님도 믿으라고! 20년 베테랑이라고!"

그해 여름, 우리 가족은 한국에서 온 의료 봉사팀을 돕기 위해 지방에 갔다. 울란바타르에서 왕복 480km 거리이다. 한 살, 세 살, 다섯 살의 아이들을 위해, 10년도 더 된 봉고차의 의자를 펴고 이불을 깔아 최대한 아이들이 편히 갈 수 있게 만들었다. 하지만 도로 공사로 대부분의 길은 비포장도로였고, 오가는 내내 비가 내렸다. 봉고차는 빗길에 미끄러지고, 진흙길에 빠졌다. 울퉁불퉁한 길을 달릴 때면 롤러코스터를 타듯 아이들은 이리저리 굴러다녔다. 막내는 자다가도 빽빽 울어댔다. 차멀미가 심해 차만 타면 아무것도 먹지 못하는 나는 오가는 내내 내 몸 챙기랴, 세 아이 챙기랴 반쯤 정신이 나가 있었다. 함께 갔던 학생이 없었더라면 중간에 오도 가도 못하는 신세가 되었을 것이다. 몽골에 오기 전 면허시험을 보지 못한 것이 후회가 되었다.

'면허만 있었어도…….'

그때 결심했다. 운전면허를 따야겠다고.

며칠 고민하다가 학원 문을 두드렸다. 몽골국립대학 1층 구석, 두 개의 교실을 빌려 저녁에만 운영하는 운전학원이었다. 이제 신청서만 쓰면 되는데 확신이 없어 묻고 또 물었다. 면허를 딸 수 있을지 없을지는 누구보다 본인의 의지에 달려 있다는 걸 알면서도 왠지 다른 사람의 확언이 필요했나 보다. 그렇게 갈팡질팡하던 나는 매서운 눈에 팔八 자 수염을 기른 원장 말에 기가 눌려 등록을 하고 말았다.

강좌가 시작되었다. 커다란 교실은 내 표정만큼 어두컴컴했다. 높은 천장에는 촉수 낮은 백열등 몇 개가 달려 있었고, 교실은 무채색 옷을 입은 수강생들로 가득했다. 매일 저녁 세 시간씩 어눌한 몽골어로 이론은 물론 정비기술까지 들었다. 외계어를 듣는 듯했다. '지금이라도 그만둬야 하나.'

일주일에 두 번, 강사와 4명의 수강생이 한 팀이 되어 시내 외곽에서 운전 실습을 했다. 몽골 시내를 꽉 채운 현대자동차 '엑셀'로 연습했다. 차 앞뒤에 빨간 깃발을 꽂은 채로.

3개월이 지났다. 정비, 필기, 코스, 주행 시험을 치러야 한다. 수능 시험처럼 필기시험을 준비했다. 흔히들 족보라고 하는 깨알 같은 글씨와 그림이 가득한 예상문제집을 구했다. 누군지 모르지만 그 많은 문제를 손으로 직접 그리고 쓰다니! 덕분에 수험생이 되어 풀고 외우고를 반복했다.

드디어 필기시험일, 시험 담당 경찰이 선생님과 함께 입실했다. 60분, 숨도 제대로 쉴 수가 없었다. 시험이 끝나자 학생들을 앉혀놓은 채로 그 자리에서 채점하고 점수를 공개했다. 20문제 중 3개 틀리면 탈락이다. 채점하는 시험 담당관 옆에 선생님이 앉아 있었다. 채점이 끝날 때마다 학생들에게 합격 여부를 몰래 알려주었다. 내 시험지인가 보다. 활짝 웃으며 손으로 동그라미 사인을 보냈다.

실기시험장으로 향했다. 바로 코스 시험을 봤다. 왜 이리 떨리는지. 3개월씩이나 연습했는데 붙는 사람보다 떨어지는 사람이 더 많아 보였다. 드디어 내 차례. T자도 S자도 잘한 것 같았는데 언덕에서 시동은 왜 꺼졌을까? 야속한 시동! 운전대에 고개를 파묻었다. 창피한 건지 화가 난 건지 나도 잘 모르겠다. 잘 봤냐는 남편 말에 꾹 참고 있던 울음이 터져 나왔다. 괜찮다는 말이 이렇게 위로가 될 줄이야.

2주 후 두 번째 실기시험이 있었다. 그 언덕이었다. 가슴이 쿵쾅거렸다. 잠시 멈추었다가 '붕' 소리를 내며 올랐다. 이번엔 합격! 5개월이나 걸려 운전면허증을 받으니 해냈다는 기쁨이 벅차올랐다. 학원 문을 두드리던 두려움은 설렘이 되었다.

면허증을 받은 지 두 달쯤 되었을 때 남편이 한국에 갔다. 나는 이

제 막 돌이 지난 아이를 태우고 교회에 가야 했다. 설교 준비보다 운전이 더 두려웠다. 잠도 제대로 못 자고 떨리는 마음으로 운전대를 잡았다. 주일 아침이라 차가 많지 않아 10분도 채 안 걸리는 가까운 곳이었는데 왜 이리 먼지, 신호등은 왜 이리 자주 걸리는지 바짝 긴장한 상태로 교회에 도착했다. 몇 안 되는 학생들과 예배를 마치고 다시 그 먼(?) 길을 돌아왔다. 집에 돌아오니 온몸이 쑤시고 아팠다. 그렇게 세 번의 주일이 지났다.

남편이 돌아오는 날 아이를 태우고 공항까지 갔다. 몽골에서는 어떤 이유에서든지 교통경찰과 만나지 말라고 한다. 교통법규를 위반하면 면허증에 구멍을 뚫었는데, 구멍이 세 개면 면허가 취소되기 때문이다. 그날따라 교통경찰은 왜 이리 많은지, 죄를 짓지도 않았는데 경찰과 눈이 마주치지 않으려고 앞만 보고 달렸다. 공항에 도착하니 뭔가 큰일을 해낸 것 같았다. 집으로 돌아올 때 나는 어머님과 남편, 아이들을 태우고 운전을 하겠다고 했다. 남편은 대답도 없이 열쇠를 낚아채 운전석에 앉았다. '에잇! 나를 못 믿다니!' 그날 이후 내 운전면허증은 장롱 속에서 깊은 잠을 잤다. 20년 동안이나.

몽골의 시골길은 오프로드이다. 자동차 광고에서 볼 수 있는 지프차가 달리는 그런 길이다. 사람도 없고 집도 없고 차도 거의 없다. 가도 가도 끝이 없는 길이다. 지난 여름, 시골길을 곡예 하듯 운전했다. 처음에는 푹 패인 물웅덩이를 피해 마른 길을 돌아가느라 속도를 낼 수 없었다. 그런 길도 익숙해지니 끝없이 펼쳐진 유채꽃밭도 보고 하늘도 볼 수 있는 여유가 생겼다. 얼마 지나지 않아 긴장이 됐는지 왼

쪽 손목이 아려왔다.

처음 말을 타면 고삐를 꽉 잡고 몸을 말의 몸에 최대한 붙인다. 조금이라도 속도를 낼라 싶으면 등자에 발을 더욱 깊숙이 들여놓고 고삐 쥔 손을 안장에서 떼질 못한다. 아무것도 보이지 않는다. 그렇게 한 시간을 보내고 말에서 내릴라치면 온몸이 녹초가 된다. 다시는 안 타겠다고 다짐한다. 하지만 다음번에 또 말을 탄다. 운전은 마치 말을 타는 것과 같다. 왼쪽 손목이 시큰거려도 초원이 나타나면 또 운전대를 잡고 싶다. 머리카락 휘날리며 말을 타듯, 뺨에 스치는 바람 맞으며 끝없는 유채밭 사이를.

"두려움을 껴안으면 설렘이 된다."(이동진, 《당신은 도전자입니까》 중에서)

나를 성장하게 하는 김해씨앗나비

박수미

나를 찾아가는 과정이 나에게는 크나큰 도전의 시작이었다.

나는 꿈은 이루어진다는 것을 믿고 있기에 꿈꿔왔던 것을 하나하나 도전하고 있다. 도전하지 않았다면 항상 안전한 울타리 안에만 머물러 있었을 나이다. 그리고 말한다. '내 인생은 왜 이럴까? 왜 남이 시키는 대로 살아야 하는가' 하며 움직이지 않고 가만히 앉아서 말이다.

"당신의 꿈이 뭔가요? 당신의 강점은 뭔가요? 당신의 사명과 비전은 뭔가요?" 이런 질문을 받을 때 대답하기가 쉽지 않았다. 손에 잡히지 않고 두루뭉술했으며 나 자신을 너무 모르는구나 하는 답답함이 짓눌렀다. 하지만 작은 도전들을 통해 내가 무엇을 모르고, 무엇을 해결하고 싶은지 알게 되자 마치 터널 속에서 빛을 향해 나아가는 차처럼 길을 따라 쭉 달릴 수 있게 되었다. 그 시작이 바로 독서모임이었다.

2021년 1월 김해에 독서모임을 만들어 시작했다. 그리고 현재는 김해씨앗나비라는 이름으로 계속 진행 중이다. 어느 순간부터인가 김해씨앗나비를 만들어 진행하는 과정들을 사람들이 물어오기 시작했다. 지금까지 독서모임을 끌어오면서 내 생각에 많은 변화를 가져왔다. 완벽주의 기질은 어떤 분야든 지속이 힘들다는 것과 나무만 보지 말고 숲을 보아야 한다는 것이다. 그리고 완벽한 준비는 내 기준이라는 것이다. 왜냐하면, 내가 아무리 완벽하게 준비했다 해도 실제로 일을 진행하다 보면 변수가 생긴다. 조금 부족하더라도 큰 그림을 그리고 실행하면서 부족한 부분은 보완해 나가면 된다. 완벽이 아니라 완성을 위한 시작이었기에 10개월이 지난 지금은 개개인이 돌아가면서 책을 읽고 핵심을 발표할 수 있는 모임으로 성장했다.

독서모임을 만들고 첫 시간에 선배님들께 이야기했다.

"저는 책을 많이 읽은 사람도 아니고요. 선배님들을 모아서 가르치려는 것도 아니고요. 제가 사는 지역에서 동네에서 선배님들과 함께 책을 읽으면서 같이 성장해 보고 싶어요."

내 생각을 진심으로 전달했더니 독서모임에 오신 선배님들이 내가 말을 버벅거려도 뭐가 뭔지 강약 조절도 못하고 막 쏟아 부어낼 때도, 자책할 때도 "괜찮아요", "할 수 있어요.", "너무 잘하고 있어요." 하고 응원을 해주었다. 내가 바뀌려면 지금까지와 다른 환경에 나를 넣어야 한다. 그리고 내 꿈을 지지해 주는 사람들에게 둘러싸여 있으니 못해내는 게 더 이상한 일이 되었다.

김해씨앗나비를 하면서 생각나는 에피소드가 있다. 처음으로 당황하는 순간이 왔다. 네 명 중에 두 분의 선배님께서 《4개의 스위치》라는 책을 불편해하셨다. 순간 당황하게 되었지만, 최대한 침착하게 선배님들이 왜 이 책을 불편해하는지에 대해서 경청했다. 이유는 이랬다. 일본 제품을 불매 운동하는 이 시국에(유니클로도 문 닫는 시점) 일본 책을 굳이 봐야 하는가였다. 그래서 읽기는 해야 하고 책은 사기 싫어서 대여해서 읽었다고 하셨다. 혹시나 내 마음을 들킬까 봐 조심했지만 내 얼굴은 불타오르는 듯 뜨거웠다. 선배님 한 분은 예전에 그림책 독서모임을 꾸준히 나가면서 거기서 알게 된 일본의 아이들 관련 책에 관하여 이야기를 나눠 주셨다. 선배님을 통해 새로운 사실을 알게 되는 시간으로 채워지며, 불편했던 선배님들의 마음도 풀리게 되어 좋은 시간으로 마무리가 되었다.

선배님들은 책 표지의 내용 중엔 "아이를 천재로 키운다.", "5살 아이의 독서량이 2,500권이다." 이런 자극적인 게 많아서 별로라고 얘기해 주셨다. 하지만 내가 전하고자 했던 책 속 내용은 그게 아니었다. 나를 포함해서 4명인 독서모임에서 처음으로 비판적인 의견이 나오니 당황하게 되었다. 하지만 가만히 생각해 보니 각자 아는 정보로 각자 경험한 사건들로 그런 시각이 충분히 생길 만하다고 생각이 되었다.

어떤 선배님은 책을 많이 읽지 않았는데 이 책을 보고 깨닫고 실천한 부분이 너무 많았다고 적용한 사례까지 이야기해 주시면서 너무 좋아해 주셨다. 예전에는 눈으로만 책을 읽었는데 실행하는 독서를 하니 너무 좋았다고 표현하신다. 독서모임에 참석하길 잘했다고 말해 주니 뿌듯했다. 마지막 내가 발표를 하는 차례였다. 내가 본 것을 이야기하며 책 속의 본질은 "이런 거 같아요" 하고 내 생각을 이야기하며 이 책을 추천한 이유를 나누며 모임을 마쳤다.

처음에는 '아~ 오늘 독서모임 망했네' 하는 생각이 들었다. 하지만 각자의 생각을 끝까지 다 듣고 난 후, 두 선배님의 눈빛이 정말 바뀌는 게 보였다. 스위치가 꺼졌다가 켜지듯이 좀 더 열린 마음으로 책을 들여다볼 거라는 그 눈빛을 보자 감동이 밀려왔다. 선배님들은 본인의 모습이 보이지 않았을 것이다. 나는 선배님들의 모습을 보며 얼마나 행복했는지 자신들의 모습이 얼마나 멋졌는지, 그날을 잊을 수가 없다.

김해씨앗나비에서 보물지도 만들기를 했다. 꿈을 가시화시킬 수 있는 활동이었다. 이루고 싶은 꿈과 관련된 사진을 붙이고 글로 적고 하는 것을 학창 시절 말고 언제 해봤을까? 다들 재미있어 하셨다. 그리고 자신들의 아이들도 해보기를 원해서서 시간을 따로 내어 보물지도 만들기를 했다. 아이들이 보물지도를 만들고 나서 자신들도 독서모임을 하고 싶다고 이야기할 정도로 참 많이 행복한 시간이었다.

'와~ 내가 사는 동네에서 좋은 사람들과 아이들과 이런 시간을 만들다니'

감동이었다. 이 도전을 통해 내가 사람들에게 좋은 걸 알려주는 것을 좋아한다는 것, 공감을 잘하는 것, 하고 싶은 일은 어떻게든 방법을 찾아 해내고야 만다는 것을 알았다. 안주해서 편안하게 살면 아무 일도 일어나지 않는다. 김해씨앗나비를 운영하며 부족한 나를 더 보완하고 싶어서 3P자기경영연구소 독서리더과정에 도전하여 성공적으로 마쳤다. 나는 강사가 되고 싶은 것도 아니고, 교육 사업을 하고 싶은 것도 아니지만 나를 믿고 지지해 주는 선배님들께 하나라도 더 알려드리고 싶었다. 그런 나를 통해 성장해가는 선배님들을 마주하니 감동과 함께 나를 또 돌아보게 된다.

현재는 코치과정을 도전하고 있다. 이번만큼은 나를 위한 도전의 시간을 갖는다. 이번 과정을 통해서 말보다는 행동으로 보여주는 삶을 살아내고 싶다. 코치 교육 중에 나의 강점을 찾아보는 시간이 있었다. 다른 유형들은 비슷하게 나왔으나 프로세스 유형만이 가장 낮은 점수를 받게 되었다. 프로세스만 개선하면 지금보다는 한 계단 더 오를 것이라는 기대를 하게 된다. 그 모습이 그려지니 지금 이 과정이 할 것은 많지만 행복한 시간을 보내고 있다.

인생은 길다. 우리의 생각을 확장시켜주고 힘들 때 우리를 일으켜 주기도 하는 친구 같은 책을 많은 사람과 함께 평생 읽을 수 있는 멋진 삶을 꿈꾼다.

도전, 지금하고 싶은 것을 '그냥' 하는 것

박영희

'도전'이라는 단어를 만나게 되면 우선 멈칫하게 된다. 도전이라는 단어 앞에는 왠지 다른 사람들은 하기 힘들고, 뭔가 가치 있고, 대단한 것이 앞에 수식어로 붙어 있어야만 할 것 같기 때문이다. 결국, 도전은 나와 어울리지 않는 단어라는 생각이 든다. 도전이라는 단어에서 오는 중압감을 벗어던지고 그동안 뿌듯했던 경험을 생각해 보았다.

첫 번째 도전 경험으로 1년 100권 독서를 완료한 것이 생각났다. 《독서 천재가 된 홍대리》 책을 읽고 1년 100권 읽기에 도전해 보기로 했다. 처음에는 나도 정말 100권의 책을 읽으면 인생이 바뀔까 하는 기대와 의심을 안고 시작했다. 지금보다는 좀 더 성장한 내 모습과 풍요로운 삶을 상상하며 1년 100권 독서를 성공적으로 마무리하기 위해 하루에 읽어야 할 독서량을 먼저 확인해 보았다. 1년에 100권의 책을 읽기 위해서는 일주일에 적어도 책 2권은 읽어야 했다. 1시간에 몇 페이지 읽을 수 있는지 독서 속도를 확인해 일주일에 2권의 책을 읽으려면 하루에 몇 시간 책을 읽어야 하는지 계산해 보았다. 그때 당시 나는 1시간에 50~60페이지 정도 읽을 수 있었고 300페이지의 책을 읽으려면 5~6시간이 필요했다. 한 권의 책을 3일 동안 다 읽기 위해서는 하루 2시간씩 독서 시간을 만들어야 했다.

독서 시간을 만들기 위해 나의 일과를 점검해 보았다. 출근 시간이 빨라 이른 아침부터 아이들을 어린이집에 등원시키고 출근해야 했다. 퇴근 후에는 나의 독서 시간보다 온종일 엄마를 기다리고 있을 4살 쌍둥이들에게 책을 읽어주는 시간으로 사용하고 있었다. 하지만 나는 꼭 100권의 책을 읽어 더 멋진 엄마로, 더 멋진 전문직 커리어 우먼으로 꼭 변하고 싶었다. 우선 아침 기상 시간을 좀 더 당기기로 했다. 새벽 3시부터 30분 단위로 알람을 맞춰놓고 알람 소리가 들리면 스탠드를 켜고 책부터 펼쳤다. 아이들이 엄마가 곁에 없는 것을 알고 깰까 봐 침대 밖으로 나와 책을 볼 수 없었다. 새벽 시간과 출퇴근 시 지하철 안에서, 점심시간을 이용해 책을 읽었다. 그렇게 하다 보니 하루에 2시간 정도는 충분히 독서 시간을 확보할 수 있었다. 그 결과 1년도 채 되지 않아 100권의 책을 읽을 수 있었다. 그리고 무엇보다 독서는 내게 가장 가치 있는 습관으로 자리 잡게 되었다.

두 번째 도전은 퇴사를 앞두고 7살 된 쌍둥이들과 일본 여행을 다녀온 것이다. 퇴사 전 회사에서 제공되는 다양한 복지혜택 중 해외여행 혜택을 가족들과 함께 이용하고 싶었다. 안타깝게도 남편은 회사

사정으로 계획했던 가족 해외여행에 함께하지 못했다. 남편 없이 아이들과 나만 가야 하는 첫 해외여행이라 고려할 사항이 많았다. 운전에 미숙했던 나는 여행하는 나라에서 이동 시 대중교통을 이용해야 했다. 그리고 생리현상을 참지 못하는 아이들을 위해 이동 거리는 되도록 2시간이 넘지 않도록 해야 했다. 마지막으로 아이들과 두고두고 얘기할 수 있는 추억거리를 만들어 주는 여행을 하고 싶었다. 아이들이 어떤 것에 관심 있는지 지켜보며 관련 경험을 할 수 있는 여행지를 선택했다.

그렇게 결정한 여행지는 일본이었다. 그 당시 아이들은 한창 명작동화에 빠져 있었다. 일본의 디즈니랜드에 가면 책에서만 보던 주인공들을 다 만나볼 수 있었다. 또한 육아와 회사 일로 그동안 수고한 내게 온천욕을 선물해 주고 싶었다. 아이들을 위한 것과 나를 위한 것을 적절히 조합해 여행 일정을 계획했다. 여행을 다녀온 지 3년이 지난 지금도 아이들은 종종 엄마와 함께했던 일본 여행 얘기를 하며 행복해한다.

세 번째 도전은 남편 없이 일 년간 아이들을 혼자 양육한 것이다. 아이들이 초등학교 입학 후 얼마 지나지 않아 남편은 해외에서 근무하게 되었다. 남편과 함께 해외로 나가려고 했지만 여러 여건상 아이들과 나는 한국에 남아 지내는 것으로 결정했다. 남편 없이 아이들과 지내기 위해 제일 먼저 준비한 것은 운전이었다. 남편이 없는 동안 아이들과 이동 시 대중교통만 이용할 수 없을 것 같았다. 또한 차를 활용하지 못하고 가만히 두는 것도 아깝게 느껴졌다. 그동안 남편 동석 하에만 운전을 해봤지 혼자 운전해 본 적이 없었다. 남편 출국 전까지 시간이 될 때마다 운전이 익숙해질 때까지 남편 동석 하에 운전 연습을 했다. 그 결과 남편이 없는 일 년 동안 직접 운전하며 아이들과 함께 자유롭게 여행을 할 수 있었다.

도전의 의미는 '정면으로 맞서 싸움'이라는 뜻이다. 뜻처럼 정면으로 맞서 싸울 정도로 대단한 것을 찾아내 도전할 필요는 없다고 생각한다. 그동안 내가 도전한 것들을 살펴보면 뭔가 대단하고, 남들이 하기 힘든 것들이 아니었다. 그 당시 그저 내가 꼭 해야만 했고, 하고 싶었던 것들을 한 것뿐이다. 지금 하고 싶은 것을, 안 하면 미래에 후회할 것 같은 것을 '그냥' 하면 도전이 된다. 도전이라는 단어 뜻에 짓눌려 지레 겁부터 먹고 시도조차 하지 않는다면 그것을 했을 때 느낄 수 있는 경험이라는 기본적인 기회조차 날려버리게 된다.

《당신은 도전자입니까》 책의 저자인 이동진 작가는 '아무것도 안 해보고 안된다고 하는 것은 내 삶에 대한 직무유기다.'라고 했다. 내 삶에 대해 직무유기를 하지 않도록 지금 하고 싶은 것을 '그냥' 해보자.

나의 강력한 무기, 도전!

우민정

―――――

"우민정 선생님은 하루가 48시간인 사람인가요?" 2년 전 한 선생님께서 내게 해주시던 말이다. 그 후로 하루를 어떻게 살아가고 있는지, 시간을 어떻게 나눠 쓰고 있는지 시간 가계부라 생각하고 시간을 기록하는 바인더에 달라지고 싶은 마음 안고 열심히 기록했다.

과연 달라진 것이 있었을까? 당연히 아니다. 당연한 결과였다. 그 이유는 기록에 대한 피드백이 전혀 없는 기록하기에만 바빴기 때문이다. 기록한 것을 다시 보니 우선순위도 없이 눈앞에 보이는 목표에만 몰두해 돌아볼 틈 없이 살아왔다. 마치 로봇처럼.

하루가 48시간이란 말을 듣게 된 순간은 충격이었으나 감사하게도 돌아볼 시간을 준 계기가 되었다. 이루고 싶은 게 무엇인지, 무엇을 좇으며 살아가고 있는지, 가장 중요한 일이 무엇인지에 대한 꼬리에 꼬리를 무는 질문의 시간을 많이 가졌고, 질문에 대한 답을 찾기 위해 주어진 하루에서 과감히 한두 시간 뭉텅이 시간을 가지면서 시간을

당신은 도전자입니까

꼼꼼하게 기록하며 피드백을 하려고 노력했다.

기록한 시간에 대한 피드백이 더해지니 무조건 기록을 하는 것이 아니라 나의 목표는 무엇이고, 목표를 위해서 할애하는 시간은 언제이며, 가족을 위한 시간, 지인들과의 시간, 공동체를 위한 시간, 함께하는 팀원들의 시간을 어떻게 나누어 써야 할지 고민하다가 성과 있는 시간을 기록하고 싶어서 시간에 관한 책을 보며 공부하기 시작하였다. 혼자 공부하고 기록하니 고립되는 한계로 시간에 대한 교육을 제대로 받기 위해 3P 자기경영 연구소의 셀프리더십 코치 과정에 도전하게 되었다.

교육을 받으면서 느낀 것은 나의 삶은 혼자 사는 삶이 아닌 아내로서의 사명, 자녀를 둔 엄마로서의 사명, 학생들을 지도하는 교사로서의 사명, 자식으로의 사명, 이웃을 챙겨야 할 사명, 팀원을 이끌어야 할 사명, 내게 주어진 감사한 사명의 삶이 주어졌는데도 시간에 쫓기듯 살아가니 감사함을 미처 느끼지 못하고 나누지 못하며 살아왔음을 깨달았다. 이제는 나로 향했던 삶의 방향이 바뀌었고 사명을 수행하기 위해서 나의 역할과 비전, 핵심가치가 확장되었다.

나의 사명은 성장을 기반으로 한 자기 주도적인 공부법과 자존감을 회복시켜 스스로 성장할 수 있는 환경 구축을 위해 헌신하는 것이고, 사람들의 강점을 발견하여 성장을 돕고, 꿈을 찾고 실현될 수 있도록 도우며, 따뜻한 눈길, 손길, 발길, 마음길이 되는 온기가 있는 작가의 삶으로 살아가는 것이 나의 비전이며 정성, 과정, 공헌이 나의 핵심가치이다.

사명, 비전, 가치가 명확히 세워지니 매일 실천하는 삶이 곧 도전이고, 도전 자체가 실천하는 삶으로 연결되니, 무엇을 하든 도전을 즐기는 삶이 되었다. 무엇을 도전하고 시작하기 전에 내 중심이 흔들리지 않을 사명, 비전, 가치를 먼저 세우고 시작해 보길 바란다. 그리하면 적어도 작심삼일인 꼬리표가 붙지는 않을 것이다.

삶의 질을 높여 주는 습관을 갖기까지 2021년 새해부터 지금까지 지키고 있는 것 2가지가 있다. 새벽 4시 반에 기상하는 것과 건강에 적신호가 터지고 나서야 시작한 아침 운동이다. 이 습관을 유지하고자 팀을 만들어 나의 건강뿐만 아니라 함께하는 이들의 건강도 챙기게 되었다. 지금 무엇에 도전하고 있는가? 아니면 도전하는 일에 망설이고 있는가? 그렇다면 팀을 만드는 것부터 용기를 내어보기를 제안한다.

매일 도전하는 삶을 살아가는 나는 도전할 때와 도전하지 않을 때의 눈빛, 모습, 행동, 마음가짐이 완전히 다르다. 무모한 도전보다는 스스로 프로젝트를 진행해 몸에 익을 때까지 훈련을 멈추지 않는다. 포기되지 않도록 환경을 만들어 목표를 달성하고 이왕이면 혼자가 아닌 함께 나누고 돕는 일을 하면 나의 시너지는 배가 되어 강철이 된다. 그래서 갖게 된 힘이 자기주도력과 지속력이다. 어떤 도전이든 시도했다면 목표 달성을 해보기를 권한다. 한 번이라도 성공하는 경험이 중요하다. 그 경험이 쌓이면 도전하는 것은 나의 강력한 무기가 될 수 있다.

내 인생을 바꾼 도전들

조성윤

나는 일단 "콜!"을 외치는 행동파인가? "생각해볼게."를 습관처럼 말하는 심사숙고파인가? 얼마 전 〈세상을 바꾸는 시간, 15분〉에서 본 이동진 작가는 엄청난 도전들을 한 행동파였다. 저서인 《당신은 도전자입니까》 책에도 작가 프로필이 화려한 도전으로 꽉꽉 차 있었다. 대단한 사람이구나 생각하며 읽었던 그 책에는 소극적이고 존재감 없던 소년이 있었다.

소심하고 대학을 낙방해서 재수도 했던 나와 비슷한 점이 많은 사람이었다. 나와 비슷한 점이 많은데 왜 결과는 다를까? 나는 끝이 흐지부지한 용두사미형 인간인데 말이다. 해야겠다고 마음먹은 것은 하지만 결과가 나올 때까지 과정을 못 견디니 점점 더 도전을 두려워하고 멀리하게 된 것이다.

그렇다면 나는 도전에 성공해본 경험이 없을까? 곰곰이 생각하니 그렇지만도 않았다. 고3에 갑자기 미술을 하고 싶다고 말씀드렸다. 만화를 좋아해서 취미로 그리다 보니 만화가라는 꿈이 생겼다. 어려운 가정형편에 연년생 남동생도 있는데 미대는 무리라며 부모님은 정말 대학을 가고 싶으면 간호대를 가라고 하셨다. 취업도 잘되고 여자로 서 좋은 직장이라며.

부모님의 반대에도 무작정 미술학원을 찾아가 열심히 할 테니 깎아달라고 사정해서 다녔다. 다른 학원에 다니지 않는 대신 시작한 미대 입시였지만 지원한 곳 모두 낙방이라는 결과를 받았다. 얼른 취업하라는 부모님 말씀에 제발 1년만 시간을 달라고 사정했다. 편의점 아르바이트로 미술 학원비를 내며 재수를 시작했다. 쉬는 날 없이 한 달동안 오전 아르바이트를 하면 30만 원 남짓 아르바이트비를 받았다. 25만 원의 학원비를 내야 했기에 다른 학원은 꿈도 꿀 수 없었다. 하지만 노력했고 원하는 학교는 가지 못했지만, 부모님이 수고했다고 할 만큼의 결과는 해내었다.

대학 시절 극도로 소심하고 위축되어 있었다. 대학교 1학년 때 익명으로 올라왔던 나에 대한 평을 아직도 기억한다. 착한 척하는 비굴한 사람이라고. 지금 생각해보면 나는 도전을 하고 성공을 했는데 왜 위축되어 있었을까. 아마 원하던 학교에 가지 못해서 실패했다고 생각했던 것 같다. 하지만 도전을 하고 결과가 예상과 다르더라도 열심히 했던 과정은 자부심을 느껴도 되었다. 그때의 나에게 잘했다고 가슴을 펴라며 토닥여주고 싶다.

나에 대한 혹평을 한 사람을 찾아내 따지지도 못할 만큼 자존감이 낮았다. 어릴 적부터 부모님은 장녀인 나에게 칭찬에 인색했다. 항상 부족한 점을 지적하고 고치라고 했다. 나는 부족함이 많은 사람이라고 생각하며 컸다. 나의 부족함이 보이면 지적받지 않기 위해 단점을 가리고 숨겨왔다. 섣불리 도전도 하지 않았다. 시간과 노력을 들였는데 결과가 좋지 않으면 꾸중과 질책을 받을 것이기에.

몸을 웅크리기만 급급했던 내가 조금씩 달라졌던 도전이 있었다. 어릴 적부터 꿈이었던 배낭여행을 꼭 가보고 싶었다. 취업하기 전 아르바이트로 모은 돈으로 무조건 비행기 표를 끊었다. 저렴한 직항을 찾고 보니 러시아 블라디보스토크 항공이었다. 《내일은 어디 갈까?》라는 책에 꽂혀서 첫 배낭 여행지로 '태국'을 선택했다. 부모님은 취업 준비도 모자랄 판에 말도 모르는 태국으로 배낭여행 간다니 난리가 나셨다. 거의 가출하다시피 배낭을 둘러매고 나섰다. 내 두 번째 도전이었다.

전 재산을 털어 한 달간 태국과 캄보디아를 갔다 왔지만 내 상황이 달라진 것은 없었다. 하지만 마음속 깊이 무언가 달라지는 것을 느꼈다. 나도 도전하면 해낼 수 있다. 나를 조금 믿어주기로 했다.

달리기를 잘하지만, 운동을 좋아하진 않았다. 몸으로 익히는 건 느려서 질색이었다. 이런 나의 세 번째 도전은 생활운동 전국체전이었다. 체력이나 키워볼까 하고 결혼 전에 조금 했던 에어로빅을 시작했다. 같이 운동하던 언니들이 대회를 준비할 때도 남의 일이라고 생각했다. 그러던 중 에어로빅 선생님이 대회에 나가보자 했다. 거절했지만 사람이 없다는 부탁에 마음이 약해져 승낙했다. 운동신경이 없어 반 박자씩 느리고 동작 외우기도 어려웠다. 에어로빅 대회는 단체로 출전한다. 나 때문에 다른 사람들이 피해를 볼까 노심초사 스트레스가 이만저만이 아니었다. 한 번만 나가고 때려치워야지 했던 것이 시 대회 우승, 도 대회 우승 점점 판이 커졌다. 이게 아닌데. 내가 빠지면 그 자리를 대체할 사람이 없어 울며 겨자 먹기로 전국체전까지 나갔다. 수많은 사람 앞에서 서보기는 난생처음이었다. 아쉽게도 목표했던 우승은 못 했지만, 사람들 앞에서 서 본 경험, 내 몸을 움직였을 때의 희열이 결과로 남았다. 이때의 경험이 없었다면 아직도 사람들 앞에 나서기가 어려웠을 것이다.

20대 초에 태국과 캄보디아를 다녀온 한 달간의 혼자 배낭여행, 몸치 박치인 내가 에어로빅으로 도대회 출전했던 것, 그리고 경력단절 전업주부에서 그림책을 읽어주는 학부모 강사를 시작한 것도 잘했다고 생각하는 도전들이다. 학부모 강사는 지금 진행 중인 도전이다. 새로운 수업을 시작하면 긴장되어 잠 못 이루는 초보지만 언젠가 김미경 강사 같은 멋진 강사가 될 날을 꿈꾸고 있다.

남의 눈이 무서워 도전을 망설였다면 후회로 남았을 일들이다. 남들이 보기에 평범할 수 있는 도전들이지만 하나씩 할 때마다 내 안의 단단했던 껍데기가 깨지는 것을 느꼈기 때문이다.

사람들은 행복보다 불행을 더 믿는다. 나는 일이 안 좋게 될 때를 대비해서 앞으로 벌어질 상황보다 더 안 좋은 쪽으로 상상하는 버릇이 있었다. 시간과 노력을 들였는데 결과가 별로 안 좋으면 어떻게 하지? 남들이 뭐라고 하면 어떡하지? 남의 시선을 많이 의식하는 내가 제일 많이 망설였던 도전은 '책쓰기'였다.

평범하고 내세울 것 없는 내가 쓴 글을 남들이 읽어줄까? 비교되거나 비웃지는 않을까? 책쓰기 강좌를 거금 백만 원을 내고 신청해놓고 막상 내 이야기를 쓰려니 쓸 것이 없었다. 도서관에서 보석 같은 책쓰기 강좌를 들으면서도 역시 나는 ……하고 포기하기 일쑤였다. 하지만 마음속 깊은 곳은 포기하지 않았는지 서성미 대표의 "함께 해봐요"라며 내민 손을 덥석 잡았다. 혼자 하기 힘들면 같이하면 된다는 말을 믿고.

《당신은 도전자입니까》를 쓴 이동진 작가가 고민이 있을 때 조언을 얻는 형님이 있다고 한다.

"일단 해봐! 해보고 말해! 아무것도 하지도 않고 좋은지 나쁜지를 어떻게 알아. 오직 너에게만 주어진 기회야. 무조건 해봐!"

이 말에 책쓰기 공저를 도전하게 되었다. 항상 내 마음속 깊은 곳에 있었던 울림. 일단 해봐! 해보고 나에게 맞는지 아닌지 판단하면 된다. 다소 욕심이 과해서 허덕이고 힘들 때도 있다. 하지만 해냈을 때의 성취감은 그에 비할 바가 아님을 이제는 알고 있다.

"전업주부면 살림하고 아이들 키우는 거나 신경 써라." "돈이 되는 일을 해라." 다른 사람의 시선이나 목소리에 눈과 귀를 잠시만 닫았다. 내 가슴이 진정으로 원하는 일에 도전하고 있다. 매일 아침 6시, 밤 10시에 13명의 공저자들과 줌에서 만나 함께 책을 쓰는 시간이 정말로 행복하다. 아침을 이렇게 충만한 마음으로 시작할 수 있다는 것이 정말로 놀랍다. 지금까지 나에게 아침 시간은 겨우겨우 일어나 아이들 학교 갈 준비를 하는 힘든 시간이었다.

저자가 말했던 것처럼 내가 가는 길이 세상의 정답은 아니지만, 그것이 지금 내 인생에서 정답이라면 해보는 거다. 나에게 도전이란 좋지 않은 결과부터 걱정했던 과거에서 한번 해볼까 하는 지금이다. 그것만으로도 내 인생에서 엄청난 마인드의 변화가 생겼기 때문에.

chapter
3

3개의 소원
100일의 기적

내 인생의 주인공은 나야 나, 꿈 리스트

우민정

바인더에 기록한 꿈 리스트를 쭉 살펴보니 꿈과 열정이 넘치는 사람이었는데 과거에는 어떻게 참고 살았는지 좀 더 일찍 만났다면 내 인생은 더 달라졌을까? 꿈 리스트를 처음 작성한 날을 보니 2019년 12월 20일에 작성일로 적혀 있다. 이어 2020년, 2021년 초반까지 작성되어 있다. 쓰면 이루어진다는 말을 믿고 꿈 리스트 기록했다. 완료된 것도 있고, 진행 중인 것도 있고, 아직 시도하지 않은 것도 있고, 기회가 될 때마다 들여다보곤 한다. 하고 싶은 것, 가보고 싶은 곳, 배우고 싶은 것, 되고 싶은 것, 갖고 싶은 것, 나누어 주고 싶은 것을 꾹꾹 눌러쓴 꿈들을 살펴보니 반복적으로 기록된 꿈도 있고, 소소한 것부터 원대한 것까지 기록했다.

처음 꿈 리스트 작성할 때 가장 첫 줄에 묻는 것이 하고 싶은 것인데 적은 꿈이 "글 작가 우쌤"이었다. 2022년 2월까지 책 출간이라고 기한까지 적어놓았다. 그것을 지키기 위해 지금 첫 공저에 참여하여 글을 쓰고 있다. 꿈 리스트에 기록한 것은 나 자신과의 약속과도 같아서 자주 들여다보며 스스로 피드백을 하며 달성하고 있다.

초등학교 시절 나는 꽤 생각을 잘 표현하지 못하는 내성적이고 소극적인 아이였다. 싸우는 것을 좋아하지 않아서 들어주기를 많이 했고, 친구의 부당한 행동에 화가 나도 말하지 못했다. 감정을 솔직하게 표현하지 못하고 감추는 아이, 그 마음은 오죽했을까? 우리 민정이는 참 착한 아이야, 어른들도, 친구들도 항상 해준 말이다. "민정이는 착해", "착한 아이야"라고. 속상하거나, 화가 나거나, 억울하거나 할 때는 거울 앞에서 미처 못한 말들을 하고 그것으로도 풀어지지 않으면 적어가며 풀었던 것 같다. 그것이 버릇되어 무슨 일이 있거나 속상했던 일이 있을 때는 일기장을 펴놓고 적기 시작했다.

유난히 쓰기를 많이 했던 나는 어느 순간 글 쓰는 것을 친구처럼 좋아했다. 친구들과 편지도 매일 주고받고, 좋아하는 친구에게나, 짝사랑하는 친구, 소설책이나 시집을 읽고 든 감정들을 시로 일기를 쓰기도 하고, 밤새 음악을 틀어놓고 글을 쓰기도 하며 학창시절 내내 매일 글을 썼다. 한번은 중학교 때 국어 시간 글짓기 숙제가 있어서 시로 어머니를 표현한 글을 썼는데 선생님께서 쓴 글을 읽어주시며 칭찬을 해주셨고, 고등학교 때도 작문 시간 혼자 A⁺ 받은 기억이 있다. 나를 인정해준 선생님들의 칭찬이 동기부여가 되었고, 글로 위로받고 글로 치유되는 과정에서 자연스럽게 작가의 꿈을 갖게 되었다. 꿈 리스트에 가장 첫 번째로 작가의 꿈을 기록한 순간 한 번도 내려놓지 않은 꿈이 곧 달성되어 완료 표시하기 위해 대기 중이다. 또 하나 꿈이 달성되기 위해 대기 중인 강력한 꿈이 있다.

2017년 7월 종이 위에 "5년 후 나의 이름으로 된 융합 교육센터를 세워 교육을 양성하고 성장을 돕는 교육전문가가 되자."라는 내용을 적어서 전신 거울에 붙여놓기도 하였는데 꿈 리스트 목록에 기록한 순간 꿈이 현실로 이루어지고 있다. 공부하는 업인 학생들을 지도하는 천직을 만나서 보습학원을 운영하는 원장이 되었고, 독서모임 리더로 청소년, 성인 독서모임을 운영하고 있고, 매일 글을 쓰는 문인이며 현재 필사 챌린지, 습관 챌린지, 건강 챌린지까지 운영하는 리더로 이끌어 가고 있다.

나는 기록하는 순간 바로 ON 버튼이 켜진다. 즉시 실행하도록 환경을 만드는 힘이 생겼다. 뿌리 깊은 제자들과 함께 처음 꿈 리스트를 작성하는 시간을 가졌다. 제자들과 함께 기록하고 있는 그 시간 벅찬 감동을 잊을 수 없다. 함께 꿈을 찾고, 고민하고, 기록한 그 시간이 가슴에 사명으로 세워진 날이었기 때문이다. 나의 성장에 징검다리 역할을 해주는 꿈 리스트를 함께하는 사람들과 같이 작성해보고 함께 토론해보는 시간을 갖는 것을 꿈 리스트에 추가로 기록했다.

내 인생의 주인공은 나로 향해 있다. 처음으로 내가 선택한 공부. 학교에 입학해서 열과 성의를 다해 공부한 그 시점부터 내 삶은 나의 것이었다. 꿈 리스트에 기록한 것은 단순히 기록만 한 것이 아니다.

처음 꿈 리스트를 알게 되고 묻는 칸에 고심하며 적었을 때를 떠올려본다. 꿈 하나 적기가 왜 이렇게 힘든지 수십 번을 고치기를 반복했다. 하지만 지금은 그렇지 않다. 내 안에 비전, 가치, 사명이 세워져 기록하고 있기에 꿈 리스트들이 성과와 성장으로 이어지는 징검다리 역할을 해주고 있다. 기록한 것을 이룰 때마다 완료 표시를 하면서 "우민정! 정말 잘했어!"라고 진심으로 칭찬해준다. 이전에 볼 수 없던 내 모습. 꿈 리스트 덕분에 내면까지도 깊어지고 성숙되고 있음을 느끼고 있다.

백만 원이라도……

윤태진

잘나가던 직장 그만두고 목회자의 삶을 살아온 시간이 벌써 25년이나 되었다. 그런데 그 기간은 순탄하지 않았다. 젊어서 고생은 사서도 한다고 하지만 많지 않은 나이에 별별 고생 다 해보았다. 개척교회도 두 번이나 해 보았다. 한 번은 안산에서, 또 한 번은 안성에서였는데 모두 마른 땅에 헤딩하는 격이었다. 잘 준비되지 못한 상태에서 사명감 하나 갖고 들이댔다. 그러다 보니 아내의 의견을 잘 헤아리지 못했다. 대학 막 졸업하고 스물넷의 꽃다운 나이에 나와 결혼해 준 아내에게 늘 미안했다. 사명이 무엇인지 그것 하나 붙잡고 이십여 년이나 되는 시간을 울며, 웃으며, 동행해 왔다. 말이 안 되게 힘들 때가 수도 없이 많았다. 이 내용만 갖고 글을 써도 책 한 권의 분량은 충분할 것이다.

안산에서 개척해서 목회할 때였다. 하루는 아내가 "슈퍼에 갔다 올게요!" 하고 가더니 얼마 안 되어 눈물을 가득 머금고 돌아왔다. 저녁에 두부찌개 해 먹으려고 두부 한모를 집어 들고 주머니에 손을 넣어 보니 100원 밖에 없었다. 그래서 두부는 다시 제자리에 두고 터벅터벅 돌아온 것이다. 얼마나 비참했을까? 그깟 두부 하나 사 먹을 돈이 없는 자신을 보면서……, 착한 아내는 이 이야기를 십여 년이 훨씬 지난 어느 날 내게 했다. 못난 남편이다. 어찌 그렇게 무관심할 수 있었을까? 시집 오기 전까지 귀한 공주로, 사랑 듬뿍 받으며 살아온 아내가 그런 일을 당한다는 것은 상상조차 할 수 없는 일이었다.

지금은 그때와 비교해서 형편이 많이 좋아졌다. 그렇다고 넉넉해진 것도 아니다. 올해에 《세 개의 소원 백일의 기적》 책을 읽으며 소원이 생기게 되었다. 물론 그전에 소원이 없었다는 이야기는 아니다. 다만 이 책을 읽으며 저자가 경험한 기적이 궁금해지기 시작했다. '저렇게 하면 정말 되는 것일까?'라는 작은 기대감을 갖게 되었다. '모두 다 이루어졌다'는 말은 나도 한번 해볼까? 하는 마음으로 저자가 말하는 방법에 따라 적용하게 되었다. 백일동안 세 가지 소원 쓰기를 지속하기는 쉽지 않은 일이었다. 자기 전에 해야 하는 일이었다. 또 그냥 쓰는 것이 아니라 숨을 멈추고 세 번씩 기록해야 했다. 자기 전에, 숨을 멈추고 세 가지 소원을 세 번씩, 총 아홉 번을 반복해야 하는 것이었다. 쉽지 않은 일이었다. 백일동안 하루도 빼놓지 않고 실행해야 되는 것이었다. 또 한 가지는 목회자의 양심상 소원이라고 하면 좀 우스울 것 같았다. 소원을 빈다는 개념이 작용했기 때문이다. 잠재의식을 깨우쳐 현실에서 가능케 하는 신념에 가깝다고 생각했다. 그래서 단어를 조금 바꿨다. 세 가지 감사 백일의 기적으로 바꾸고 백일동안 하루도 안 빼놓고 기록하며 선포하며 감사했다. 감사는 소원이 이루진 것에 대해 미리 하는 감사였다. 감사의 마음을 담아 선포하는 것은 믿음이 있어야 가능하다. 막연한 소원이 아니다. 감사는 부족한 환경을 변환시키는 트랜스퍼라고 생각한다. 세탁기가 트랜스퍼이다. 들어가기 전엔 온갖 더럽고 냄새 났던 세탁물은 얼마의 시간이 지나고 나면 언제 그랬냐는 듯 깨끗하게 되어 나온다. 그 세탁통에만 들어가면 변화가 일어난다.

목회자의 삶은 오래 지속되어도 여전히 박봉이고, 넉넉하지 못했고, 그래서 통장에 잔고가 있었던 적이 거의 없다. 그래서 그러한 소원을 감사의 세탁통 안에 넣어 보기로 했다. 매일 세 번씩 썼다. "매월 통장의 잔고가 백만 원이 되었다" 백일동안 하루도 빠지지 않고 실천에 옮겼다. 그리고 "다 이루어졌습니다" 하며 감사한 마음을 갖고 잠자리에 들었다.

참으로 희한했다. 자기 전에 집중해서 소원에 대해 감사를 해 나가자 그 효과가 얼마 되지 않아 현실에 나타나기 시작했다. 정말 작고 소박한 소원이었다. 천만 원도 아니고 백만 원이라도 통장에 좀 남아 있기를 소원했다. 선포의 능력, 말로 고백하는 소원은 드디어 통장 잔고에 결과로 남게 되었다. 글을 쓰고 있는 지금도 여전히 잔고가 있다. 백만 원은 여유가 있는 사람들에겐 별것 아닐 수 있다. 그러나 잔고가 있다는 말은 나로서는 당연한 것이 아니다. 놀랍고 감사한 일이다. 이렇게 되어 본 적이 거의 없으니까 말이다.

무엇이 이것을 가능하게 했을까? 기적은 언제 현실에 들어올까?

아직 이루어지지 않았다고 실망하고 좌절할 필요는 없다. 오늘은 울어도 내일은 충분히 웃을 수 있다. 자신의 소원을 현재완료형으로 이루어졌다고 감사의 말을 하는 것이 비결이다. 아직 되지 않았지만 되었다고 말하는 것이다. 김칫국물 감사이고, 기독교는 이것을 믿음이라고 정의한다. 비신자에겐 자기 확신이라고 말할 수 있다. 긍정의 아이콘으로 하루하루를 살아가면 된다. 그렇게 살게 되면 주위의 에너지가 그 사람을 위해 움직이기 시작한다. 감사의 자기장이 형성이 된다. 그러는 중 선포의 능력이 그 에너지를 끌어당겨 기적의 주인공이 되는 것이다.

목회자의 삶은 그렇게 풍부할 수 없다. 그렇다고 빈궁하게 사는 것도 덕스럽지 못하다. 다만 일용할 양식이 있고, 하루하루 모자라지만 않게 산다면 감사한 일이고 날마다 기적을 맛보는 삶이라 생각한다. 지금부터 시작해 보라! 백일동안 바라는 소원 세 가지를 적고 현재완료 형으로 감사하며 선포하는 삶을 사는 것이다.

무엇이든 되고 싶은 일이 있다면 주저하지 말고 감사의 트랜스퍼를 작동시켜 보자. 그 무엇이든 괜찮다. 감사통에 다 집어넣자, 감사통은 당신을 거부하지 않는다. 오히려 두 손 들고 환영할 것이다. 마치 오랫동안 기다렸다는 듯이 다 받아줄 것이다. 결국 감사한 마음을 담아 선포하는 소원은 얼마 되지 않아 기적으로 삶의 현장에 풍성하게 돌아올 것이다.

소원을 이루는 것은 막연한 일이 아니다. 소원이 기적이 되는 것에 대한 강렬한 열망이 있어야 한다. 그 소원을 생각할 때마다 가슴이 뛰어야 한다. 그리고 감사를 습관화하는 것이다. 이루어짐에 대한 감사이다. 아직은 다 이루어지지 않았다 하더라도 먼저는 뿌듯해져 있는 자신을 발견할 것이다. 뭔가 꽉 채워져 있는 분위기도 느낄 수 있다. 그러한 긍정적인 자장은 결국 소원이 기적이 되는 경험을 누리게 되는 것이다.

좌절하고, 포기하고, 실망했던 우리 삶의 부정의 세탁물을 감사통에 쏟아 붓자, 얼마 되지 않아 전혀 다른 축복의 결과물로 변환된 현장을 보게 될 것이다. 지금 실행해 보자,

"모든 것이 다 이루어졌습니다!"

열심히 하루를 산다는 건

서성미

100일 소원 쓰기를 5번 시도했습니다. 완주는 2번 했습니다. 완주라고 해도 온전한 완주가 아니라 빼 먹은 날을 건너뛰는 것이 아니라 분량을 메꾸며 기간을 채운 것입니다. 간절한 소원이 있어 작성한 것도 있고 분위기에 휩쓸려 시작한 때도 있습니다. 올해는 독서모임 회원들과 상반기 한 번, 하반기 한 번 2번째 100일 소원 쓰기 프로젝트를 도전하고 있습니다. 그동안 시도했던 방법은 《생각의 비밀》 김승호 회장님의 100일 쓰기 버전, 《3개의 소원 100일의 기적》 소원 쓰기 버전, 소원을 쓰면서 떠오르는 전략과 예상 문제와 극복방안, 왜 이 소원이 이뤄져야 하는지 목적을 적는 양식까지 다양한 버전을 시도해 봤습니다.

소원 쓰기의 핵심은 잠재의식을 통해 능력치를 끌어올리는 것이라 생각합니다. 자기 계발에서 이야기하는 사고 습관, 감정 습관, 태도의 변화를 통해 결과를 원하는 결과를 만들어가는 끌어당김의 법칙과 같은 맥락입니다. 저 역시 그동안 도전을 이어올 수 있었던 것은 할 수 있다는 믿음 때문에 가능했습니다. 그 믿음이 소망을 낳았고 언행의 변화를 가져오고 결국 원하는 결과에 다다를 수 있도록 도와줬습니다. 이 모든 변화의 시초가 생각을 바꾸는 것입니다.

끌어당김의 법칙을 스토리로 풀어내는 도구가 있습니다. 제가 좋아하는 일본 경영컨설턴트 간다마사노리 선생님의 《스토리씽킹》에 소개된 퓨처매핑입니다. 우리가 간절히 원하는 상황과 결과를 중심으로 등장인물과 갈등상황과 극적인 문제해결, 해피엔딩도 100% 만족이 아닌 120% 만족한 결과로 마무리되는 스토리를 담는 것입니다. 실제로 우리가 어떤 목표를 향해 나아갈 때 마주하게 될 흐름에 맞춰 구성할 수 있습니다. 다만 기존 사고의 틀에서 생각할 수 있는 문제해결 방법이 아닌 우뇌를 적극적으로 활용한 창의적 문제해결 방법을 시도해 본다는 게 차별점입니다.

퓨처매핑은 한국간다마사노리 연구소 서승범 연구소장님을 통해 교육을 수강하고 매주 실습하는 훈련 시간을 가졌습니다. 일주일 단위의 퓨처매핑과 월간, 분기 퓨처매핑도 만들어보고 시간이 지난 뒤 어떤 변화가 있었나 셀프체크 해보았습니다. 신기하게도 퓨처매핑에 녹여냈던 스토리가 그 주에 일어나지 않아도 몇 주 안에 일어났으며 기대 이상으로 만족스러운 상황이 펼쳐지기도 했습니다. 퓨처매핑과 유사한 미래일기 작성을 통해 비슷한 경험을 한 적도 있습니다. 간절히 바라는 모습을 이뤄낸 미래시점으로 생생하게 느끼고 일어난 일들을 관찰하고 체감하여 일기형태로 기록하는 것입니다.

너무 생생해서 정말 이뤄진 것 같았고 가상 스토리지만 있었던 일을 회고하는 것처럼 자연스럽게 이야기가 펼쳐졌습니다. 정말 신기한 경험이었습니다. 내 꿈이 이뤄지는 순간은 굉장히 특별한 하루일 것 같지만 그 시점으로 가서 일어날 하루를 들여다보니 여느 하루와 같은 시작이고 모든 일이 자연스럽고 편안했습니다. 작고 소소한 일들도 기분 좋은 감정을 느끼게 해줬습니다. 소원성취의 뿌듯함과 감동도 느낄 수 있었습니다. 이야기의 주인공인 내가 만드는 이야기지만 무언가에 이끌려 생각이 계속 쏟아지는 기분이었습니다.

행복함을 미리 맛본 퓨처매핑, 미래일기를 통해 얻을 수 있었던 것은 눈에 보이는 상황을 벗어난 시야를 가지는 것만으로도 굉장한 생각의 전환이 가능하다는 것입니다. 지금 일어난 일의 원인과 이 일을 통해 얻고자 하는 것이 무엇인지 결과를 미리 생각하고 나의 감정과 태도를 선택할 수 있습니다. 이 인과관계적 사고를 하는 것만으로도 굉장한 생각의 전환이라고 생각합니다.

하루가 모여 평생이 된다는 말을 뒤집으면 평생 같은 하루가 될 수 있다는 것입니다. 내 하루를 일평생으로 환산하면 영유아기-유초등기-청소년기-성인기-중년기-노년기로 나눌 수 있을 것입니다. 시기별 중요하고 본질적인 것들을 할 수 있는 나의 하루로 채우고 싶은 것이 바람이라는 저의 멘토님이 계십니다. 하루를 살아도 후회 없는 삶이 될 것 같다는 그 말이 참으로 멋있었습니다. 저 역시 그런 바람을 갖게 되었습니다.

나의 하루의 총합이 내 일평생이라 생각하기에 이왕이면 하루를 살아도 내가 원하는 삶을 살아내고 싶습니다. 이왕이면 강점을 강화하는 하루 습관을 통해 원하는 삶에 가깝게 다가가고 싶습니다. 약점을 보완해야 하는 습관도 나의 강점을 발휘한 방법으로 접목해 보면 좋을 것 같습니다. 독서 리더들의 독서모임인 마이다스 Book & Binder 모임 회원분이 해 준 이야기가 있습니다.

"성미는 다이어트 빼고 다 잘해."

긍정이라는 저의 강점이 다이어트에는 약점이었습니다. 지금의 제 모습도 썩 나쁘게 다가오지 않는 것입니다. 건강을 위한 습관들은 다 고행 같고 재미가 없었습니다. 식단관리, 운동, 마음 건강과 정신건강까지 평생을 관리하고 훈련해야 한다 생각하니 죽을 맛이었습니다. 저의 강점을 발휘해 다이어트에 접목해 본다면 그룹으로 함께하고 솔선수범해야 하는 리더로 참여하고 뻔한 방법이 아닌 새로운 방법으로 이것저것 시도해 보는 것입니다. 오늘도 성공 경험을 맛보기 위해 강점을 발휘한 작은 습관들을 하루 속에 녹여낼 것입니다.

마음먹기에서 시작해서 생각을 전환하고 말과 행동을 하게 됩니다. 마음먹기가 잘 안 된다면 말과 행동부터 바꿔서 마음을 돌리는 건 어떨까요? 나의 하루를 바꿀 수 있는 가장 손쉬운 방법 행동으로 옮긴 뒤 생각하기!

'하루를 살아도 평생같이'

간절하면 이루어진다

강선화

"엄마! 만 원이래요."

"뭐가 만 원인데?"

"이번 학기 등록금이요."

카톡에 등록금 고지서가 떴다. 납부액은 만 원이었다. 어찌 이런 일이. 대학 등록금이 만 원이라니!

"그거 네가 내라. 그럼 이번 학기 등록금은 네가 낸 거야."

"넵!"

10년 전쯤이었을까? 문득 아이들을 위해 했던 기도가 생각났다.

"하나님, 한 아이는 가족이 가르치고, 한 아이는 교회가 가르치고, 한 아이는 국가가 가르쳐 주세요. 아시다시피 우리는 아무것도 없어요. 딴 주머니를 찰 수 있는 것도 아니고 다른 수입원도 없어요. 세 아이를 어떻게 다 대학에 보낼 수 있을까요?"

그랬다. 매달 한국 교회에서 보내주는 선교헌금으로 생활비를 비롯해 학비며 선교비까지 충당하고 있었다. 최소한의 생활비로 다섯 식구가 생활했다. 우리 가정 말고도 현지 교회 사역자들과 출판사 직원들 월급, 교회 운영비로 사용하고 건축을 위해서도 저금을 했다. 아무리 생각해 봐도 빠듯한 생활비로 두 살 터울씩인 세 아이 대학교육은 어려울 것 같았다. 앞으로 10년도 더 남았는데 걱정이 됐다. 걱정 대신 눈물 콧물 쏟으며 매일 기도했다. 절박했고 그만큼 간절했다.

2012년 국가장학금 제도가 시행되었다. 소득에 따라 등급을 나누고 일정한 학점을 받으면 말 그대로 등록금의 반을 지원받을 수 있는 제도이다. 그때 큰아이가 고3이었다. 이듬해 큰아이는 무사히 대학에 입학했고 국가장학금을 신청했다. 우리는 소득이 '0원'이었다. 한국에 주택도 의료보험도 없으니 당연했다. 입학 첫 학기에 입학금과 등록금, 기숙사 예치금, 기숙사비 모두 590만 원 정도였던 걸로 기억하는데, 국가장학금 1유형과 2유형 모두 합해 360만 원 정도 받았다. 말그대로 반값도 안 되는 등록금이었다.

2년 뒤 둘째도 대학에 입학했다. 이때부터는 재외 국민도 재산을 등록해야 했다. 우리 이름으로 된 모든 재산에 대해 하나도 남김없이 정직하게 등록했다. 부동산이며 은행 잔고증명, 세금 납부증명, 신고하지 않으면 추적도 되지 않을 작은 것까지 모두 등록했다. 그렇게 신고한 재산도 소득 분위 2등급을 넘지 않았다.

그해 말, 두 아이가 1년 동안 받은 장학금을 정산해 보았다. 국가장학금 1유형으로 받은 것만 980만 원이었다. 천만 원에 가까운 금액을 국가로부터 받았다. 이 제도가 아니었으면 대학에 보낼 생각이나 했을까?

막내가 대학에 입학한 후 다자녀 장학금이 있다는 걸 알았다. 2학기에는 등록금이 1만 원이 나왔다. 명목은 학생회비였다. 세 아이 모두 나라가 키워주는 것 같다. 세 아이 대학교육에 대한 간절한 기도는 이렇게 이루어졌다.

반값 대학 등록금은 2007년 대선 공약이었다. 실제로 등록금 혜택을 보는 학생들은 전체 학생의 1/3 정도라고 한다. 교육부 발표에 따르면 2022년부터는 10% 혜택을 받던 중산층(5~8등급)까지도 절반의 혜택을 받을 수 있도록 지원금을 확대하겠다고 밝혔다.

우리는 어떤 위험이나 위기에 직면했을 때 간절해진다. 설사 그것이 내가 느끼는 것과 다르다 할지라도 위기라고 느낄 때 간절해지고, 간절함은 소원이 되고, 소원은 기도가 된다. 한국에 두고 온 가족들을 향한 소원, 한국으로 떠나간 아이들, 몽골에서 만나는 사람들, 내가 일하는 일터, 내가 살고 있는 몽골, 그리고 우리 부부의 노후……. 크고 작은 소원은 기도가 된다. 나도 우리 엄마의 소원을 품은 기도였고, 그 기도의 열매로 지금의 내가 있다.

몽골에서는 소원에 대한 불문율이 있다. 진심으로 원하는 소원은 이뤄질 때까지 입 밖에 내면 안 된다. 한국 비자를 받아 한국행 비행기에 오를 때까지 가족 외에는 아는 이가 없을 정도이다. 감쪽같이 속이고 있다가 비행기 타기 전, "지금 공항이에요. 한국에 가요."라는 말 한마디 남기고 홀쩍 떠나버린 사람이 몇이던가? 그놈의 소원 때문에 가슴앓이는 늘 내 몫이었다. 얼마나 간절했으면 매일 웃으며 함께

밥을 먹고 일을 하면서도 소원을 품고만 있었을까? 나는 어릴 때부터 말은 씨앗이라며 자꾸 선포해야 그 말이 이뤄진다고 들었다. 내 소원을 아는 사람이 많아질수록 내 말에 책임감이 생겨 행동하게 마련이라고. 요즘엔 종이 위에 쓰면 이루어진다고 한다.

　말을 하든 안 하든, 종이 위에 쓰든, 마음에 새기든 간절하면 이루어진다.

'껄무새'에서 '한다새'로 날아올라

조성윤

마법 램프를 주웠다. 슥슥슥 문지르니 파란색 거인이 나타나 "당신에게 소원이 무엇입니까? 말하면 이루어집니다."한다면? 아마도 당황스러운 웃음을 흘리며 "글쎄요…… 로또 당첨?"이라고 대답할 것이다. 나는 지금껏 소원을 생각 않고 살았기에.

소원은 동화에서나 나오는 것이라고 믿었다. 그냥 그냥 앞에 있는 일을 헤쳐나가며 살았었다. 대학생일 때는 과제와 리포트를 하기 급급했고 취준생일 때는 취업에 집중했다. 결혼하고는 결혼생활과 육아라는 또 다른 과제를 하느라 정신없었다. 남들이 서른앓이를 할 때도 초보 엄마로 진땀 흘리며 두 아이를 키우느라 어떻게 지나갔는지 몰랐다. 그래서일까? 마흔을 앞두고 정신을 차려보니 내 소원이 무엇인지 대답을 못 하는 사람이 되어 있었다. 마흔을 '불혹: 흔들리지 않는 나이'라고 하는데 나는 갈대처럼 남들이 좋다는 것에 이리저리 흔들리며 제2의 사춘기를 겪고 있었다.

목적 있는 책모임에서 《3개의 소원 100일의 기적》 책을 지정도서로 읽고 100일 동안 소원 쓰기를 할 때도 참여할 수 없었다. 소원이 없었으니까. 내 소원이 뭘까 고민해보니 돈이 많았으면 좋겠다, 아이들이 잘 컸으면 좋겠다, 내 꿈을 찾았으면 좋겠다는 3가지가 간신히 나왔다. 소원은 정했는데 이루어지면 더 좋겠다 싶었다.

《3개의 소원 100일의 기적》의 저자인 이시다 히사쓰구는 반드시 이루어지는 소원을 정하고 싶다면 구체적으로 정해야 한다고 했다. 잠재의식 깊이 새겨놓아야 소원이 이루어진다고 말한다. 그러기 위해선 SMART 모델에 따라 정하면 좋은데 S(Specific 구체적), M(Measurable 측정 가능), A(Achievable 달성 가능), R(Reasonable 가치관에 부합), T(Time 정해진 날짜)에 맞게 정하는 것이다. 내가 간신히 머리를 짜낸 3개의 소원은 이루어질 수 있는 것이 아니었다. 구체적으로 돈이 얼마만큼 있으면 좋은지 아이들이 어떻게 잘 크길 원하는지 내 꿈을 찾아 무엇을 하고 싶은지 정하지 않은 것이다. 소원을 정했다고 생각했는데 산 넘어 산이었다.

1. 2009년 안에 책을 내고 아마존 종합 1위에 오른다.
2. 2009년 안에 월수입 1,000만 원을 돌파한다.
3. 2013년 안에 몸무게를 65kg으로 줄인다.

저자가 실제로 썼던 소원이고 모두 이루어졌다고 한다. 나의 소원도 더 구체적으로 정해야겠다 싶었다. 작년에 소원 쓰기 챌린지를 했던 것이 생각났다. 소원이 없다고 생각했는데 나 은근히 이것저것 많이 했었구나. 20개의 소원을 뒤적여 3개를 골라 보았다.

1. 경제독립과 자유
2. 내 브랜드 만들기
3. 건강한 나, 건강한 가족

이것도 정했을 때 뿌듯했는데 지금 보니 막연하다는 느낌이다. 소원을 매일 쓰되 전날 것을 베껴 쓰지 말고 기억해서 써야 한다. '아차' 싶었다. 20개의 소원을 다 기억하지 못해 항상 보고 썼다. 소원 쓰기 챌린지를 MVP로 마치고도 기계적으로 썼기에 써봤자 정말 되겠어? 싶었다. 그래서일까? 더 이어 쓰기는커녕 소원 쓰기를 했던 것조차 잊고 있었다. 자기 전에 숨을 참고 집중해서 써야 잠재의식 속에 새겨진다고 한다. 엉망으로 해 놓고 효과 없다며 내팽개쳐둔 것이다.

잠재의식 속에 새겨두어야 무의식적으로 소원을 위해 움직인다고 한다. 이번엔 저자가 말한 SMART 모델에 맞게 소원을 정해보았다.

1. 경제독립과 자유 → 2021년 안에 월수입 100만 원을 돌파한다.
2. 내 브랜드 만들기 → 2022년 안에 그림책 관련 브랜드를 만든다.
3. 건강한 나, 건강한 가족 → 2021년 안에 각자 몸무게를 5킬로씩 뺀다.

쓰고 나니, 보다 소원이 구체적으로 보이는 것 같다. 이 중에 제일 간절한 건 뭘까? 세 가지 소원 모두 간절하지만 '내 브랜드 만들기'가 먼저 떠올랐다. 경력단절 전업주부로 10년 넘게 살면서 다시 일하고 싶은 마음에 닥치는 대로 자격증 공부를 하고 땄다. 그 결과 동네에서 '차탄 엄마'(또봇이란 만화에 나오는 주인공 엄마로 취미가 자격증 따기)란 별명을 얻었다. 하지만 어느 것도 내 길이 아닌 것 같다는 생각에 항상 새로운 배움에 매달렸다. 그러다 '블로그 쓰기'를 알게 됐다. 블로그를 쓰면 온라인 건물주도 되고 나만의 콘텐츠도 찾을 수 있다고 했다. 귀가 습자지 같이 얇은 나는 무작정 1일 1포스팅을 시작했다. 귀는 얇은데 실행력은 갑이다. 블로그 쓰기는 매일 두 시간씩 걸렸고 큰 부담이 되었다. 결국, 도전했던 백일도 못 채우고 흐지부지 끝냈다.

그러던 어느 날 목책모에서 '블로그 챌린지' 공지글이 떴다. 예전에 흐지부지 끝냈던 블로그 쓰기가 마음 한 켠에 아쉬움으로 남았었다. '한 달만 해 볼까?' 여전히 블로그 쓰기는 시간이 오래 걸렸고 언제 끝나나 날짜만 세었다. 그래도 이번엔 포기하고 싶지 않았다. 한 달을 다 채우니 벅찬 마음이 들었다. 맞아! 이 맛이지. 매일 포스팅하니 블로그 지수도 올라갔다. 그걸로 만족하고 끝내려고 했다. 그런데 이게 웬걸! 다들 2기를 한다는 거다. '나만 빠지기도 그런데 한 달 더?!' 이렇게 이어져 5개월째 매일 일일 포스팅을 계속하고 있다. 처음에는 아무도 보지 않는 블로그였지만 꾸준히 쓰는 동안 이웃 수도 늘었고 방문자와 댓글도 많이 늘었다. 그리고 얼마 전에 애드 포스트까지 등록했다. 블로그 포스팅이 습관이 되자 점점 자신감이 붙었다. 그리고 꾸준히 하다 보니 내가 무엇을 좋아하는지 조금씩 보였다. 지금 수업하고 있는 그림책 읽어주는 일을 내 브랜드로 만들고 싶었다.

무엇이든 100일은 해봐야 내 몸에 익는다. 그래서 소원 쓰기도 100일을 하라고 했나 보다. 블로그 포스팅을 쓰듯 소원 쓰기도 잠재 의식 속에 박힐 수 있게 써봐야겠다. 올해까지 3개월이 남았다. 소원도 3개, 기간도 3개월이라니 운명 같다. 3이란 숫자는 '우주의 숫자'라고 책에서 읽은 기억이 났다. 우주의 숫자가 바로 내 앞에 있다니 당장 해봐야지.

껄무새란 말이 요즘 유행하고 있다. 껄무새란 '해볼걸……. 하지 말걸…….' 하고 계속 후회를 반복하는 사람을 말한다. 나는 지금까지 '껄무새'였다. 이제는 '한다새'로 날아오르고 싶다. '나는 한다.'

숨을 참고 마음을 다해 3개의 소원을 써야겠다. 바로 지금부터.

원하고 바라고 기도합니다

이은혜

독서모임의 세 번째 주제 책은 3개의 소원을 3번씩 적으면, 100일 뒤 소원이 이뤄진다는 내용이었다. 처음에는 가능할까 의심이 되었지만, 몇 개월 후 선배님들의 소원이 이뤄졌다는 소식을 듣고부터는 나도 3개의 소원을 써보고 싶었다. 100일의 기적을 같이 경험해 보고 싶었다. 너무 현실적으로 일어나기 어려운 일보다, 실현 가능할 수도 있으나, 노력을 절실히 필요로 하는 소원들을 적어봤다.

1. 나는 50kg이 되었다.
2. 공저 쓰기로 책 1권 출간했다.
3. 100일 동안 책 100권 읽었다.

첫 번째 체중 감량 소원은 올해 12월 마지막 날까지를 목표로 잡고 실행 중이다.

삶을 읽다, 마음을 나누다

지난해부터 체중계의 숫자가 계속 늘어나더니 올해 여름, 임신 중반기 때의 몸무게를 찍었다. 코로나로 행동반경이 좁아져서인지, 신체 대사력이 떨어져서인지 뱃살이 자꾸만 늘어갔다. 몸이 무거우니 움직이기도 싫었고, 맞는 바지도 잘 없었다. 청바지는 2개나 허벅지 쪽이 찢어져 입을 수가 없었다. 출렁이는 뱃살과 허벅지 살을 어떻게든 빼고 싶었다. 다이어트 관련 책을 읽어보니 우선 밥과 빵 등 탄수화물 종류를 줄여야 한다고 했다. 단식, 과일 주스 해독법, 운동법, 식단 관리법, 물 등 건강 관련 책들을 읽어보며 적용할 부분을 찾았다. 다이어트 100일 챌린지 모임에 들어가 인증도 시작했다. 현재는 간헐적 단식과 물 2리터 마시기, 야채 과일 먹기, 8천보 걷기, 영양제 섭취 등을 실천해 3kg 정도 감량했다. 올해 말까지 50kg이 될 수 있도록 노력 중이다. 그만큼 뺄 수 있을까 싶긴 하지만, 목표를 세우고 노력하면 훨씬 나을 거라 믿고 나아가고 있다.

두 번째 소원은 공저 쓰기로 책 1권 출간했다고 적었다. 올해는 독서와 글쓰기에 집중을 하려고 목표를 세웠기에, 어떤 결과물을 만들고 싶었다. 혼자서 노력해 봤으나 주제선정이 어려워 진도가 잘 나가지 않았다. 고민하며 속상한 시간을 보내고 있던 중, 독서모임에서 공저 출간 프로젝트를 진행한다는 소식을 들었다. 반가운 마음으로 얼른 지원했다. 하지만 직업이 있는 것도 아니고, 뚜렷한 성과나 수익이 있는 것도 아니기에 어떤 내용을 적어야 할지 막막했다. 그래도 꿈이 있기에 포기하지 않았다. 좋은 기회를 잡고 싶었다. 간절히 소원하면 이뤄진다는 믿음을 가지고 쓰기 시작했다.

공저이긴 해도 내가 쓴 글이 책이라는 실물로 출판될 수 있다 생각하니 아직도 실감이 잘 안 난다. 공저 쓰기 프로젝트는 계속 진행 중이다. 무사히 잘 마무리할 수 있길 기도한다.

세번째 소원은 100일 동안 책 100권 읽었다고 기록했다. 올해 남은 기간 동안 조금 더 노력해서 100권의 책을 더 읽어보고 싶었다.

나의 독서는 마흔이란 나이를 어떻게 살아야 할지 고민에서부터 시작되었다. 본격적으로 수첩에 독서기록을 남기기 시작한 건 18년 12월부터였다. 어떤 달은 10권 넘게 읽기도 했지만, 집에 힘든 일이 있었을 땐 한 권도 읽지 못하는 달도 있었다.

그러다 2019년 여름, 전안나 작가의 《1천 권 독서법》 강의를 듣게 되었다. 작가는 아들 둘의 엄마이자 사회복지사로 일하는 워킹맘이었다. 일하고 살림하는 것만으로도 힘들 텐데 거의 하루에 한 권 이상의 책을 읽는다고 했다. 출근 전, 점심시간, 퇴근 1시간 전의 시간을 활용해 책을 읽고, 집에 와서도 아이들과 함께 독서 타임을 갖는다고 했다.

시간관리가 중요하다는 걸 알게 되었다. 바쁜 시간 가운데도 책을 읽는 모습을 보면서 반성이 되었다. 나도 시간을 잘 배분해서 책을 많이 읽어보고 싶었다. 그날 이후로, 매일책밥 카페에 가입해 독서기록을 남기기 시작했다. 천 권 읽기 목표도 설정했다. 매달 20권의 책을 읽어 연간 240권의 책을 완독하는 걸 목표로 잡았다. 2019년 1월부터 약 5년의 기간을 잡고 1천 권 독서를 향해 걸어가고 있다. 3년째 실행 중으로 올 한해 유종의 미를 거두고자 목표치를 상향 조정해 봤다. 목표가 높으면 그에 맞춰서 더 부지런히 움직이리라 믿으며 노력 중이다.

책을 많이 읽는다고 해서 삶이 크게 바뀌는 건 아니지만 마음의 그릇이 조금 더 커졌음을 느낀다. 책을 통해 지식과 지혜도 얻을 수 있었고, 건강에 대한 정보도 얻을 수 있었다. 마음 관리뿐만 아니라 살림과 자녀 양육에도 도움 받을 수 있었다. 신앙생활에도 도움 되었고, 세상과 사람을 바라보는 시야도 넓힐 수 있었다. 책을 통해 의미있고 보람된 시간을 누릴 수 있었다.

3개의 소원과 소원을 갖게 된 이유에 대해서 적어봤다. 소원을 쓰고 100일의 기적을 이뤄나가는 이 시간들은, 방법은 다르지만 각자의 간절한 기도시간이 아닐까 생각해본다. 나 자신을 향해서도, 남편과 자녀를 향해서도, 이웃과 공동체를 향해서도 어떤 소원을 품고 지속적으로 기도해 나간다면, 꿈을 이루는 삶을 살아가게 되리라 믿는다.

문득, 독서모임 시간에 코치님의 질문이 떠오른다. "나에게 소원은 어떤 의미인가요?"라는 질문을 받았을 때, "나에게 소원은 한 그루의 나무 심기입니다."라고 대답했다. 나무를 심을 때 뿌리를 잘 내리고 가지도 잘 뻗어 나가길 바라듯, 마음의 소원도 튼튼한 나무가 되길 바란다. 시원한 그늘을 만들고, 열매도 나눠 주며, 많은 유익을 가져다 줄 수 있으면 좋겠다.

다이어트하고 글 쓰며 독서하는 이 시간들이 혼자만의 소원을 넘어, 누군가에게 좋은 정보도 줄 수 있고, 도움도 나눠 줄 수 있는 성장과 준비의 시간이 되길 기도한다. 언젠가 독서모임을 이끌게 되면, 직접 배우고 체험한 것들을 사람들과 나누며 함께 성장해 나가고 싶다.

각자 소원하는 바가 있다면 한 그루의 나무를 심는 마음으로 임해 보시길 바란다.

CCM 찬양 제목처럼 원하고 바라고 기도하는 삶 가운데, 놀라운 기적의 역사를 경험하게 되시길 소망한다.

백일의 기록

이재은

《매일 아침 써봤니?》 김민식 피디가 쓴 이 책이 모든 것의 시작이 었다. 시트콤 〈논스톱〉 시리즈를 좋아했다. 매일 본방으로 봤다. 볼 때 마다 배꼽 빠지게 웃었다. 종영 후에 알았다. 논스톱의 연출자가 김민 식 피디였다. 그렇다면 이분은 내 스타일인데! 이분의 삶이 궁금했다. 블로그를 알게 되었고, 다양한 글을 매일 쓰신다는 걸 알게 되었다. 꾸준하게 무언가를 하는 사람. 나는 이런 사람을 좋아한다. 이런 사람 을 멋지다고 생각한다. 나도 그러고 싶다.

《영어책 한 권 외워봤니?》 이 책은 베스트셀러 코너에서 자주 봐서 제목은 알고 있었다. 베스트셀러라고 해서 다 읽어보지는 않는다. 남 들이 다 읽고 좋다하면, 괜히 읽기 싫어지는 마음이 들기도 한다. 하 지만 왠지 김민식 피디의 영어 공부는 궁금했다. 단숨에 읽었다. 마지 막 장을 덮자마자 가슴이 뛰었다. 가만히 있을 수 없었다. 한번 따라 해보기로 했다. 《영어회화 100일의 기적》(문성현 저) 프로젝트는 이렇게 시작되었다. 매일매일을 영상으로 기록하기로 했다. 과정은 간단했다.

1. 그날의 대화를 외운다
2. 핸드폰으로 영상을 찍는다. (삼각대로 고정해놓고 셀카모드로 동영상을 찍었다)
3. 유튜브에 업로드한다.

100일만 그냥 한번 해보기로 했다. 처음 일주일은 신났다. 말로만 한다 한다 했던 영어회화 공부를 드디어 시작한 거다. 스스로 어찌나 대견하던지. 생각해봤다. 평소 꾸준히 하던 게 뭐가 있었나. 없었다. 무언가를 100일 동안 매일같이 한 적은 없었다.

'뭔가를 많이 한다고는 생각했는데, 한 가지를 꾸준히 한 건 없었구나.'

엄청난 깨달음이었다. 영상 기록도 처음 해보는 거였다. 하루 이틀 하다 보니, 어느 순간, 의식 없이 핸드폰 카메라를 켜고, 쌀라쌀라 영어를 말하고 있었다. 목표를 향해 하루 이틀 나아가고 있었다. 기록이 쌓여가는 것을 눈으로 확인하니, 내가 어느 위치에 있는지도 알 수 있었다.

'이래서 기록이 다들 중요하다고 한 건가?'

영어 말하기 100일 프로젝트를 하면서, '이것도 못하면 난 진짜 사람도 아니다'라는 굳은 결심을 했다. 인생에서 꼭 한 번은 해보자, 끝까지 해내보자 결심해서 그런지, 30일도 무난하게 지나갔다. 지금 생각해 보면 어떻게 그랬나 싶다. 지금은 무언가를 한다고 해도 5일을 못 넘어간다.

'절실함'이 중요하다고들 한다. 그때의 난 절실했다. 둘째 아이를 낳고, 많은 생각이 오고 갔다. 연년생 아들 둘을 낳을지 몰랐고, 전업맘이 될 거라 생각해 본 적도 없다. 엄마가 되니, 내 시간이 사라졌다. 나를 위한 시간이 없었다. 나를 잃어간다는 생각이 들었다. 사소한 일에서조차, 나 자신을 증명하고 싶었다. 한다면 하는 사람이고 싶었다. 그 마음으로 60일, 두 달을 열심히 했다. '열심히'라는 단어보다는, '꾸준히'라는 말이 더 어울릴 거다. 아이들을 어린이집에 보내고, 점심을 먹고, 외우고, 영상을 찍어 올렸다.

60일부터 슬슬, 그분이 오시기 시작했다. '아무것도 하기 싫음'이 먼저 찾아왔다. 아침에 아이들을 등원시키기만 했을 뿐인데, 하루 에너지가 반은 닳아 없어진 듯했다. 분명히 나는 체력 좋은 체대생이라 오해도 받은 체력왕이었다. 만사가 다 귀찮았다. 눕고 싶었다. 아무것도 하지 않지만 아무것도 하고 싶지 않았다. 지겨웠다. 굳이 해야 하나. 혼자 하는 약속이다 보니, 내가 여기서 멈춘다고 해도 뭐라 할 사람은 아무도 없었다. 60일 동안 해왔던 내용들도 다 까먹었다. 이게 의미가 있나? 눈빛은 이미 총명함을 잃었다. 영상 속의 나는 그런 모습이었다. 왜 시작했는지 이유도 잊어버렸다.

'100일이 꽤 길구나.'

석 달하고 10일, 한 계절이 지나가는 시간이다. 어떻게 생각하면 빠르고, 어떻게 생각하면 여유롭다. 처음 60일은 빠르다 했는데, 60일부터 80일은 그렇게 느리게 지나갈 수가 없었다. 포기하고 싶었다.

'60일 한 거면 진짜 꽤 많이 한 건데, 아직도 40일이나 해야 하다니! 이게 말이 되나. 한 달을 더 해야 하다니.'

막상 겪어본 100일은 길었다. 마음은 이미 지쳤다. 과연 끝나는 날이 오나? 반신반의했다. 첫날의 설렘과 포부, 에너지는 이미 없었다.

그럼에도 불구하고, 그래 그냥 해보자 하는 마음으로 버텼다. 어찌 됐든 100일은 오겠지, 그 마음으로 그냥 했다. 그러다 보니 80일이 되었다. 그때부터 마음이 확 변했다. 20일밖에 안 남은건가?!

40일 남았을 때는 40일 '이나 남았네'라는 마음에 까마득했다. 20일이 남으니, 20일 '밖에 안 남았다'라고 말하고 있었다. 남은 날짜가 줄어들수록 나도 모르게 얼굴에 미소가 지어졌다. 조금 남았다고 생각하니 설레임에 심장이 쿵덕쿵덕했다. 끝나면 이제 뭐하지! 나에게 선물을 줄 거야! 애쓰고 고생한 나에게! 기분이 좋아지니 별생각을 다 했다.

남은 날들은 신이 나서 했다. 시간도 참 빨리 지나갔다.

42.195km 마라톤에서 35km가 가장 포기하고 싶은 지점이라 한다. 가장 고통스럽다는 일명 '마의 구간'이다. 끝내지 못하고 중간에 멈춘 적이 많다. 멈춰버리면, 한 것도 아니고 안 한 것도 아니라 애매했다. 한번은 꼭 끝내보고 싶었다. 김민식 피디처럼 해내보고 싶었다. 문성현 저자의 손을 마지막까지 놓치고 싶지 않았다. 놀랍게도 문성현 저자가 나의 유튜브 채널에 와서 댓글을 남기고 가기도 했다.

끝은 왔다. 100일이 끝난 날, 처음 시작한 날처럼 신났다. 긴 여행을 마치고 집을 돌아온 기분이었다. 100일이라는 시간동안 나는 달라져 있었다. 결심, 설레임, 지루함, 회의, 지침, 기대, 또다시 설레임. 이 과정을 온전히 경험했다.

'아 이런 거구나. 무언가를 시작하고 끝낸다는 거.'

힘들 땐, 윤상의 〈달리기〉를 들으면서 버텼다. 혼자 하기 외로울 땐 노래를 친구삼아 해보는 것도 좋은 것 같다.

멈추지만 않으면 된다. 일상으로 만들면 일상이 된다. 언젠가 끝난다는 것을 믿는다. 믿고 계속한다. 끝은 어느 순간 온다. 도전을 끝낸후, 내 가슴에 새긴 문장들이다.

다음 100일 프로젝트는 친구와 함께 해보고 싶다. 외롭지 않게, 즐기면서!

소원의 반대말, 이미 이룬 일

이재욱
———

　나에게 소원은 '마음의 소리'이다. 내 마음 깊숙한 곳에서 바라는 일, 하고 싶은 일, 해내고 싶은 일이 결국 소원이 될 수 있기 때문이다. 그렇다면 소원의 반대말은 무엇일까? 나는 소원의 반대말은 '이미 이룬 것'이라고 생각한다.

　대학교 1학년을 마치고 군대에 입대했다. 훈련소를 마치고 안동에 있는 70사단 포병대대로 자대 배치를 받았다. 5명의 동기가 있었다. 다 비슷한 또래였는데, 그중 한 명은 나보다 5살이 많았다. 초등학교 선생님을 하다가 뒤늦게 군에 입대한 것이다. 그의 이름은 정종훈이다. 우리는 그를 '정쌤'이라고 불렀다. 한 번은 정쌤에게 부러움을 표현한 적이 있었다.

　"정쌤은, 좋겠다, 남들은 다 선생님 되고 싶어서 난린데, 이미 선생님이라는 안정적인 직장이 있으니까 말이야!"

　"나는 이미 이룬 목표라 이제 별로 좋은지 모르겠어!"

그렇다. 정쌤에게는 선생님이라는 목표는 이미 본인이 원하던 것을 이룬 과거의 목표였다. 한때는, 선생님이 되고 싶다는 목표를 가지고 교대(교육대학교)에 지원했을 것이고, 열심히 그 목표를 이루기 위해서 노력했을 것이다. 초등 임용고시를 치르기 전에는 선생님이 되는 게 소원이었겠지만, 이미 선생님이 된 상태, 즉 이미 이룬 상태에서 더는 소원이 아니었다. 소원의 반대말이 '이미 이룬 것'이라고 생각하게 된 계기가 된 사건이다.

나도 번듯한 직장인이 되고 싶었다. 예쁜 아내를 만나서 행복한 가정도 꾸리고 싶었다. 20대 때의 나의 소박한 소원은 이 두 가지였다. 35살 현재, 감사하게도 외국계 기업에 취직하여 일하고 있다. 예쁜 아내를 만나서 결혼도 하였다. 예쁜 딸아이가 태어나 사람들이 말하는 딸바보 아빠가 되어 행복한 시간을 보내고 있다.

그러던 중 독서모임을 하면서 3가지 소원을 정해서 100일 동안 매일 적기 도전을 해보기로 하였다. 그런데 막상 소원 세 가지를 정하기가 쉽지 않았다. 이미 직장인이 되고 싶다는 소망도, 아내를 만나서 행복한 가정을 이루고 싶다는 소망도 이룬 상태였기에 딱히 떠오르는 소원이 없었다.

독서모임 참여 선배님들의 소원을 참고해 보았다. 다이어트를 통해 몇 kg를 감량하겠다든지, 인스타 팔로워를 몇 명 달성하겠든지, 주급 월급으로 몇백, 몇천만 원을 벌었다와 같은 소원들이 있었다. '나도 보디 프로필을 찍어볼까?', '원하는 수입을 목표로 적어볼까?'와 같은 생각이 들었다. 하지만 그렇게 내가 바라는 소원은 아니었다. 단순히 생각하기로 했다. '최근 내가 관심 있어 하는 게 뭐지?' '무엇을 한번 이루어 보면 좋을까?' 현재 내 마음의 소리를 가만히 들여다보았다.

'3p 바인더 자기경영 대회에서 대상을 받아 보면 좋겠다.'

'아내와 나 둘이 합쳐서 퇴직연금 1,400만 원을 채워서 세금 혜택을 받으면 좋겠다.'

'두 손으로 물구나무서기를 벽의 도움 없이 한번 자연스럽게 해보고 싶다.'

이 세 가지 소리가 들렸다.

이 마음의 소리로부터 매일 세 번씩 적어 볼 소원 멘트를 정해 보았다.

첫 번째, "자기경영 대회에서 대상을 수상하였습니다."를 매일 소원으로 적기로 하였다. 2020년 코로나 덕분에 정리수납 2급 과정을 온라인으로 수강 및 취득하게 되었고, 자기계발의 세계로 입문하게 되었다. 자연스럽게 여러 카카오톡 단체 오픈 채팅방에 들어가 강의를 수강하게 되었고, 3p 바인더도 알게 되었다. 3p 바인더에서는 매년 자기경영 대회를 열고 다양한 상을 주고 있었다. 대상, 성과상, 리더십상, 인플루언서상 등이 그것이다. 막연하지만 나도 언젠가 대상을 받아보는 상상을 해보았다. 왠지 설렜다. 그렇게 되기 위해서는 최선을 다하는 삶을 살고 있을 것이다. 내 마음 깊은 곳에서 원하고 있는 소리가 들렸다. 최선을 다한 삶을 살면서 다른 사람들에게 긍정적인 영향력을 전파하고 싶다고 말이다.

두 번째로 적을 소원은 "퇴직연금 1,400만 원 세팅하였습니다."이다. 재테크와 경제에 대해서 아직 잘 모른다. 하지만 경제적으로 자유를 얻고 싶다는 생각이 들었다. 돈을 벌기 위해서 일을 하는 것이 아니라 내가 하고 싶은 일을 하면서 돈은 크게 신경 쓰지 않았으면 좋겠다. 그리고 그 일이 다른 사람들을 도울 수 있는 의미 있는 일이면 좋겠다. 노후 걱정도 없었으면 좋겠다. 이 노후 걱정을 조금이나마 더는 방법이 퇴직연금 세제 혜택이었다. 퇴직연금으로 1인당 700만 원까지는 세금 혜택을 볼 수 있다. 16.5%에 해당하는 세제 혜택이다. 나라의 입장에서 '노후 준비를 위해서 투자한 돈이니까 그 돈에 해당하는 만큼의 세금은 돌려줄게.'라고 말하고 있었다. 수익률로 본다면 적어도 700만 원에 해당하는 금액은 매년 16.5%의 수익이 발생하는 것이다. 우리는 맞벌이 부부라서 둘을 합치면 1,400만 원이 이에 해당한다. 그래서 이 퇴직연금 금액을 세팅하고 싶었다.

마지막 소원은 "핸드 스탠딩에 성공하였습니다."이다. 요가 동작 중에 '머리서기'는 머리를 바닥에 두고 머리를 움켜쥐듯이 감싼 손과 팔로 몸을 지탱하면서 물구나무서기를 하는 동작이다. 처음 이 동작을 시도했을 때 다리를 들어 올리기가 쉽지 않았다. 머리를 바닥에 둔 상태이기 때문에 복근의 힘으로 다리를 들어올려야 하는데, 복근의 힘이 부족했다. 반동을 이용해 다리를 겨우 들어 올려보기도 하였다. 하지만 중심을 잡지 못하고 뒹구는 일이 대부분이었다. 겨우 중심을 잡아도 몸이 떨려 오래 버티기 힘들었다. 하지만 꾸준히 시도하다 보니 복근에 힘이 생겨났다. 몸의 흔들림 속에서도 중심을 잡아갈 수 있었다. 지금은 머리서기를 할 수 있게 되었다. 하지만 아직 핸드 스탠딩은 어렵다. 머리가 땅에 닿지 않고 두 팔을 뻗어 물구나무서기를 해야 하기 때문이다. 이 핸드 스탠딩을 언젠가 한 번 성공해 보고 싶다는 생각이 들었다.

이렇게 나의 경우는 내 마음의 소리로부터 세 가지 소원을 정할 수 있었다. 혹 나처럼 평범한 일상을 보내다가 원하는 소원 세 가지를 말해보라고 하면 막연한 경우가 있을 듯하다. 소원 세 가지를 무엇으로 정해야 할지 몰라 고민하고 있다면 나처럼 '지금 관심 있는 게 뭐지?' '무엇을 한번 이루어 보고 싶지?'라고 질문을 던지고 내 마음의 소리를 한번 듣는 것도 괜찮은 방법인 것 같다.

나의 세 가지 소원 100일 쓰기 도전은 이미 몇 달 전 마무리되었다. 《3개의 소원 100일의 기적》 책에 나온 대로 세 가지 소원을 매일 잠들기 전 3번씩 숨을 꾹 참고 꾸준히 작성하였다. 세 가지 소원 쓰기를 깜빡하고 잠든 날에는 다음 날 아침에 일어나자마자 적기도 하였다. 책에서는 3번까지만 허용한다고 하였는데, 실제 나는 몇 번 더 초과해서 다음 날 아침에 적었다. 그렇다 하더라도 포기하지 않고 꾸준히 100일 쓰기를 결국 마무리하였다. 나는 지금 글을 쓰면서 이 세 가지 소원이 '이미 이룬 일'이 되기를 다시 한번 바라본다.

소원을 말해봐

윤희진

한 때 이런 노래가 유행했다.

"소원을 말해봐. 네 마음속에 있는 작은 꿈을 말해봐~."

바로 여자 아이돌 그룹 '소녀시대'가 부른 곡이다. '마음속에 있는 작은 꿈'이라는 말이 와 닿는다. 내 소원은 무엇일까? '소원'이라는 단어를 사전에서 찾으면, '원하는 바, 원함'이라고 나온다. 내가 바라는 바는 무엇인지 곰곰이 생각해 보았다.

막상 나의 소원이 무엇인지 대답하려니 쉽지 않다. 그저 올해 소원은 제 이름이 적힌 책을 출간하는 것, 한국코치협회 인증코치가 되는 것이다. 몇 년 전부터 책쓰기 수업도 들었는데 이렇다 할 성과가 없어 답답하다. 그래도 감사한 건 매일 블로그에 글을 올리고 있다는 것이다. "매일 쓰면 책이 된다."는 말이 있지 않은가! 이제 책쓰기가 부담이 아니라 즐겁다. 그것만으로 나는 소원을 이룬 거나 다름없다. "매일 쓰는 사람이 작가다." 나는 이 말에 진심으로 동의한다. 한국코치

협회 인증코치가 되는 것이 소원이었는데, 드디어 10월 25일 꿈을 이루었다. 소원 하나를 이루고 나니, 더 큰 꿈을 꾸고 싶어진다. 이제 인증코치를 넘어 전문코치가 되는 것이 소원이다.

소원하면 가장 먼저 떠오르는 일화가 있다.

네 소원이 무엇이냐 하고 하나님이 내게 물으신다면 나는 서슴지 않고 "내 소원은 대한 독립이오." 하고 대답할 것이다. 그 다음 소원이 무엇이냐 하면 나는 또, "우리나라의 독립이요." 하는 것이다. 또 다음 소원이 무엇이냐 하는 세 번째 물음에도 나는 더욱 소리를 높여서 "나의 소원은 우리나라 대한의 완전한 자주독립이요."하고 대답할 것이다.

백범 김구의 글이다. 김구 선생님처럼 내게 '위대한 소원'은 없다. 그저 가족이 건강하길 바라고, 하고 싶은 일을 하는 행복한 사람이길 바랄 뿐이다. 남편이 건강했으면 좋겠다. 딸이 곧 고등학교 3학년이 되는데, 원하는 대학, 학과에 합격했으면 좋겠다. 아들이 중학교 생활에 좀 더 적극적으로 수업에 참여했으면 좋겠다. 이런 소박한 소원을 가지고 있다.

언젠가 이렇게 질문을 받았다.

"소원이 무엇인가요?"

답이 바로 나오지 않았다. 그냥 하루하루 살아가기에 바빴지, 특별히 소원이랄 것이 없었기 때문이다.

내가 만약 같은 질문을 한다면, 지체하지 않고 대답할 수 있는가? 만약 대답이 바로 나오지 않는다면 왜일까? 내가 누구인지, 무엇을 정말 하고 싶은 사람인지 몰라서이다.

사람은 누구나 세상에 온 목적이 있다. 그 목적을 찾는 것이 가장 중요한 일이다. 청소년기를 지나며 질문하고, 답을 해 봐야 하는데, 그저 공부하라는 소리만 듣는다.

학생들이 인터넷 강의를 잘 듣도록 관리해 주는 일을 할 때 물었다.

"꿈이 뭐야? 앞으로 뭐가 되고 싶어? 넌 어떤 소원을 갖고 있니?"

"전 꿈같은 건 없어요."

이렇게 말하는 친구들이 많아 가슴 한 구석이 시큰할 때가 많다. 하고 싶은 것도 모른 채 그저 시키는 공부만 겨우 하는 친구들. 아니, 공부해야 하는 목적의식이 없기에 아예 손을 놓은 친구들도 있다. 아무리 담임교사인 내가 이야기를 해줘도 본인이 왜 해야 할지 모르는 아이들은 관리하기가 힘들다. 허공을 울리는 메아리처럼 같은 말을 반복하게 된다.

그러나 분명하게 꿈을 이야기하는 친구들도 있다.

"저는 물리학자가 될 거예요."

"저는 컴퓨터 프로그래머가 될 거예요."

"저는 뮤지컬 배우가 꿈이에요. 그래서 지금 열심히 실기시험 준비하고 있어요."

이런 친구들은 공부하는 태도가 다르다. 가고 싶은 대학, 학과가 분명하기에 열심히 한다.

어른이 되어서야 '내가 정말 하고 싶은 건 뭐지?'라는 질문을 나에게 던져 보았다. 물론 중학교 다닐 때에는 선생님이 되고 싶은 소원이 있었다. 학교 선생님이 되어 학생들을 가르치는 꿈. 그런데 고등학교 가서 성적이 나오지 않게 되어 그 꿈을 접을 수밖에 없었다. 시골에서 도시로 유학을 간 나는 도시 애들에게 뒤지지 않으려고 독서실도 다니고, 그 어느 때보다 열심히 했다. 그러나 부담이 컸는지, 고등학교 2학년 중간시험을 치르다가 쓰러져 한 학기 성적이 통째로 날아갔다. 내신 성적으로 대학에 갈 수 없었기에 수학능력시험에 사활을 걸어야 했다. 그런데, 어쩌면 좋은가! 내가 수학능력시험을 쳤던 96년 11월, 즉 1997학년도 시험은 그 시험제도가 도입된 이래 가장 어려웠다. 그래서 마음속에 고이 간직했던 '선생님'이라는 꿈도 저 멀리 날아가 버렸다.

가르치는 것이 천직이었던 나는 학교 선생님은 아니지만, 학습지 교사로 아이들을 지도하는 관리교사가 되었다. 내가 가진 지식과 경험을 학생들에게 전달하는 사람. 나는 교사로 살 때 뿌듯하다. 그래서 10년이 넘는 기간 동안 학습지 회사는 다르지만, 교육 서비스 업계를 떠나지 못하고 있다. 선생님이 되고 싶다는 강력한 소망이 이루어진 것이리라.

내가 무엇을 좋아하는지 알 때 그에 맞는 직업도 구할 수 있는 것이다. 어떤 소원을 가지고 있는지 찾기가 어려운가? 그렇다면 오늘부터 질문을 던져 보자. 나는 누구인가? 나는 무슨 일을 할 때 기분이 좋은가? 앞으로 어떤 모습으로 살고 싶은가? 나의 묘비에는 어떤 말이 기록되었으면 좋겠는가? 사람들에게 나는 어떤 존재로 기억되고 싶은가? 내가 정말로 하고 싶은 것은 무엇인가? 질문하다 보면 내 소원이 무엇인지 찾을 수 있을 것이다.

"소원을 말해봐!"

 코칭 질문

1. 여러분이 사는 동안 꼭 이루고 싶은 소원은 무엇인가요?
2. 그 소원을 이루기 위해 어떤 인생의 로드맵이 필요할까요?
3. 인생 로드맵 중 1년 이내에 이루어야 하는 목표는 무엇인가요?
4. 그 목표를 이루기 위해 오늘 어떤 행동을 해야 할까요?

3개의 소원 100일의 기적

최고의 변화는
어떻게 만들어지는가,
아주 작은 습관의 힘

좋은 습관, 더 나은 삶으로 가는 길

석윤희

여러분은 어떤 좋은 습관을 가지고 계신가요?

두 아이를 키우며 육아에 전념할 때는 제 자신을 위해 무언가를 규칙적으로 할 마음의 여유가 없었습니다. 시간이 날 때마다 운동을 하거나 독서를 하기는 했지만 꾸준히 하기는 쉽지 않았습니다. 이랬던 제가 2013년부터 부모교육 강사양성과정에서 공부하기 시작하면서 삶의 전환점을 맞이하게 됩니다. 이때 자녀교육과 관련된 책들을 읽으면서 아이를 좀 더 긍정적으로 바라볼 수 있었습니다. 화내는 엄마가 아니라 아이의 마음을 보듬는 엄마로 변할 수 있었습니다. 독서를 통한 변화는 저에게 독서의 즐거움을 알게 해 주었고, 이것이 제가 가진 첫 번째 좋은 습관인 '독서습관'이 자리 잡게 된 계기가 되었습니다.

저의 두 번째 좋은 습관은 '버츄카드 필사 습관'입니다. 버츄카드는 UN에서 인정한 인성연마 프로그램인 버츄프로젝트에서 개발한 인성교육 도구입니다. 감사, 배려, 사랑, 존중 등 전 세계 모든 문화권

삶을 읽다, 마음을 나누다

에서 소중히 여기는 미덕 가운데 52가지 미덕을 선별해 담고 있습니다. 카드의 앞면에는 해당 미덕의 의미가, 뒷면에는 그 미덕을 연마하는 방법과 다짐의 글이 쓰여 있습니다. 제 삶과 강의에 미덕의 가치를 적용하고 나누고 싶어 2019년에 버츄트레이닝 과정을 수료했을 정도로 애정을 가지고 있는 프로그램입니다.

우리가 사용하는 언어에는 힘이 있다고 말합니다. 그렇기에 미덕의 언어를 사용하여 우리 내면에 있는 미덕의 보석, 즉 좋은 성품이 발현될 수 있도록 노력하는 것이 중요합니다. 미덕의 언어를 쓰고 말하는 것, 이것이 인성교육의 시작입니다. 이런 생각을 가지고 있던 2020년 11월 어느 날, 버츄카드에 담긴 미덕의 내용을 보며 필사를 해야겠다는 생각을 했습니다. 그러나 매일 필사하기가 쉽지 않았습니다. 몇 번의 실패 끝에 2021년 1월에 다시 도전했습니다. 이때의 도전이 습관으로 자리 잡으면서 현재 9개월째 꾸준히 버츄필사를 하고 있습니다. 이 필사는 제 삶의 핵심가치를 찾는데 큰 도움을 주었습니다. 그리고 세상을 보다 따뜻한 시선으로 바라보고 타인을 위해 제가 할 수 있는 일에 대해 생각해 볼 수 있는 기회를 주었습니다.

세 번째 좋은 습관은 '4시 30분 새벽 기상'입니다. 새벽 기상은 습관화하기 가장 어려웠습니다. 새벽 1~2시까지 일하는 저녁형 인간으로 오랜 시간 살아왔던 저에게 아침형 인간으로의 변신은 쉽지 않았습니다. 2020년 11월에 6시 기상을 목표로 아침형 인간에 도전했습니다. 이후 5시 기상을 거쳐 4시 30분 기상에 성공한 것이 2021년 4월입니다. 이후 몇 번의 고비가 있었지만 현재까지 4시 30분 새벽 기상을 실천하고 있습니다. 이를 바탕으로 '미라클 모닝 20일 챌린지' 프로그램을 제안하여 함께 독서모임하고 계신 분들의 새벽 기상을 돕는 메신저의 역할도 할 수 있었습니다.

버츄카드 필사와 새벽기상이 습관으로 자리 잡으면서 '나도 할 수 있다'는 자신감이 생겼습니다. 이를 계기로 긍정 선언문과 감사일기, 3가지 소원 적기 100일 프로젝트에 도전했고, 모두 성공할 수 있었습니다. 지금은 버츄카드 필사, 4시 30분 새벽 기상, 블로그 1일 1포스팅, 매일 독서 4가지를 매일 습관으로 유지하고 있습니다. 이 좋은 습관들은 더 나은 삶으로 저를 이끌어 주고 있습니다. 습관화하는 과정에서 크고 작은 실패와 실수도 경험했습니다. 실패와 실수 경험을 딛고 제가 원하는 것들을 습관으로 연결할 수 있었던 이유를 생각해보니 다음과 같았습니다.

첫째, 어떤 일을 시작하기 전에 그 일이 정말로 하고 싶은 일인지, 필요한 일인지 반드시 고민하는 시간이 필요합니다. 다시 말해, 그 일을 하는 분명한 목적이 있어야 한다는 것입니다. 처음 새벽 기상을 시작했을 때 습관잡기가 쉽지 않았습니다. 왜 힘들었는지 생각해 보니 새벽 기상에 대한 분명한 목표가 없었다는 것을 알게 되었습니다. 그래서 '나는 왜 새벽 기상을 하려고 하는가?' 진지하게 생각해 보았습니다. 그리고 새벽 기상을 통해 얻고 싶은 것을 하나하나 적어 보았습니다. 새벽 기상을 해야 하는 분명한 이유가 생기자 새벽 기상이 쉬워졌고, 결국 습관으로 만들 수 있었습니다.

둘째, 100% 완성을 목표로 시작했습니다. '한번 해볼까?'로는 성공할 수 없음을 경험했습니다. 반드시 100% 완성한다는 생각으로 시작해야 완성할 수 있는 가능성이 커집니다. 현재 버츄카드 필사를 습관 들이는데 성공하기까지 네 번의 실패 경험이 있습니다. 지금 생각해 보면 그 네 번의 시도 모두 '한번 해볼까?'라는 마음으로 시작했습니다. 그래서 다섯 번째 도전할 때에는 '이번에 반드시 100% 성공한다'라는 굳은 결심으로 시작했습니다. 그래서일까요? 4개월 연속으로 버츄필사를 100% 성공할 수 있었습니다. 이때 깨달았습니다. 처음부터 100% 완성할 수 있다는 마음가짐으로 도전해야 성공할 수 있다는 것입니다. 이런 마음으로 도전했던 긍정 선언문, 감사일기, 3가지 소원 적기 100일 프로젝트를 모두 성공할 수 있었습니다.

셋째, 지루함이 느껴질 때 도구나 장소에 변화를 주어 지루함을 달랬습니다. 특히 버츄카드 필사를 하면서 슬럼프를 경험했습니다. 스스로에게 매일하기로 약속했지만 짜증이 날 때가 있었고 필사하기 싫은 날이 있었습니다. 그럴 때는 커피숍에 가거나 필사를 위해 쓰는 종이를 바꾸거나 필기도구를 바꿔 지루함을 달랬습니다. 특히 쓰는 종이를 바꿀 수 있었던 것은 제가 일반 노트가 아닌 바인더를 썼기 때문에 가능했습니다. 습관으로 만드는데 더 좋은 방법을 찾아 끊임없이 고민하고 개선하는 과정에서 한 단계 더 성장할 수 있었고 더 좋은 방법을 찾을 수 있었습니다.

넷째, 같은 목적을 가진 사람들과 함께했습니다. 네 번의 버츄카드 필사 실패 후 다섯 번째는 꼭 성공하리라 결심하면서 버츄카드 필사를 함께하는 프로그램이나 소모임이 없는지 찾아 보았습니다. 다행히 관련 프로그램이 있다는 것을 알게 되어 그곳에 합류하여 버츄카드 필사를 시작했습니다. 필사 후 네이버 밴드에 인증하는 과정이 필요했는데, 다른 분들이 올리시는 것을 보면 동기부여도 되었고, 제 스스로 이번에는 꼭 성공해야겠다는 마음을 다잡을 수 있었습니다. 저와 같은 목적을 가지고 있다는 사람들이 있다는 것만으로도 성공하겠다는 의지를 유지할 수 있었습니다.

좋은 습관의 힘! 저를 더 나은 삶으로 안내하고 있습니다. 습관을 만들어가는 과정 속에 작은 성공을 경험할 수 있었습니다. 작은 성공이 또 다른 작은 성공으로 이어지고 있습니다. 8년을 저녁형 인간으로 살아온 제가 삶의 습관을 바꾸면서 아침형 인간으로 다시 태어났습니다. 누구나 가능합니다. 각자가 바라는 삶으로 가는 길, 그곳에 좋은 습관이 함께합니다.

습관은 나를 길들이는 장치

윤희진

어릴 때 집에서 강아지를 키웠다. 강아지는 어떻게 길들이느냐에 따라 이로운 동물이 될 수도, 해로운 동물이 될 수도 있다. 잘 길들이면 사람 말도 잘 듣고, 그렇게 예쁠 수 없다. 그런데 길들여지지 않은 강아지는 사람을 물기도 한다. 사람에게 길들인다는 표현은 어색할 수 있다. 하지만 습관에 따라 사람도 성공할 수도 있고 실패할 수도 있다. 이렇게 볼 때 습관은 사람을 길들이는 장치라고 봐도 괜찮을 것 같다.

새해가 되면 우리는 목표를 세운다. 어떤 사람은 '금연'을, 어떤 사람은 '다이어트'를, 또 다른 사람들은 일이나 업무 목표를 세우기도 한다. 작심삼일이라는 말이 있듯 며칠 동안은 세운 목표를 달성하기 위해 노력한다. 그러나 많은 사람들이 얼마 지나지 않아 목표는 잊은 채 이전에 살아온 패턴대로 하게 된다. 담배를 올해는 끊어보겠다고 굳게 결심했지만, 금연에 실패하게 되고, 체중을 감량하기로 한 목표

최고의 변화는 어떻게 만들어지는가, 아주 작은 습관의 힘

를 세웠지만 곧 맛있는 것이 보이면 허겁지겁 먹는다. 왜 이런 결과를 낳게 되는 걸까? 바로 습관이 들지 않아서이다. 제임스 클리어가 쓴 《아주 작은 습관의 힘》이라는 책에 보면 습관은 구체적으로 잘게 쪼개야 목표에 다다를 수 있다고 말한다.

예를 들어 어떤 사람이 '다이어트'라는 목표를 세웠다고 가정하자. '나는 올해 10킬로그램을 감량하겠어!' 한 해에 10킬로그램을 감량하려면 적어도 한 달에 840그램 정도 감량을 해야 한다. 그렇다면 다시 이것을 4주로 나누면 일주일에 210그램을 빼면 되는 것이다. 그럼 하루에는 얼마를 빼면 될까? 그렇다 30그램이다. 이렇게 쪼개니 금방이라도 할 수 있을 것 같지 않은가? 이걸로 전부가 아니다. 왜일까? 방법이 빠졌다. 하루 30그램을 빼려면 어떻게 하면 될까? 밥을 한 공기에서 반 공기로 줄인다든가, 땀 흘리는 운동을 30분씩 한다든가 이건 사람마다 다를 수 있을 것이다. 하루에 꼭 달성할 수 있는 습관을 목표로 삼으면 된다. 구체적이고 잘게 쪼갤수록 실천하기는 더욱 쉬워질 것이다.

올해 100일 간 진행한 프로젝트가 두 개 있었다. 하나는 100일간 꾸준히 A4 한 장 분량 정도의 글을 쓰는 것이고, 다른 하나는 100개의 질문에 대한 답을 하루 하나씩 100일간 작성해서 블로그에 올리는 것이었다. 《메신저가 온다》의 저자 박현근 코치가 100일 글쓰기 프로젝트를 제안했다. 하루도 빠짐없이 100일 동안 A4 한 장 분량의 글을 블로그에 올리고, 한글 파일에 누적시켰다. 시작한 사람들은 많았지만 100일간 끝까지 해낸 사람은 나를 포함해서 얼마 되지 않았다. 처

삶을 읽다, 마음을 나누다

음에는 나도 '할 수 있을까?'라는 생각으로 시작했지만, 21일이 지나고 66일이 지나니 어느새 습관이 되었다. 글쓰기 습관이 생기기 전에 브런치 작가가 되기 위해 네 번 도전했었는데, 번번이 떨어졌다. 다섯 번째 다시 도전했다. 공저 책쓰기를 시작한 다음 날이었다. 브런치 작가로 선정되었다는 메일을 받았다. 얼마나 기쁘던지. 글쓰기 근육이 커지니 매일 글을 쓰는 게 이제는 두렵지 않다.

코칭에 관심이 있었던 나는 서평단 모집 글을 발견했다. 아이지엘 코칭 그룹 대표 한민수 코치 외 25명이 쓴 《당신만을 위한 100개의 질문》이라는 책이었다. 코칭에서 중요한 것이 질문이라 응모했다. 감사하게 당첨이 되고 책이 도착했다. 나는 나대로 답을 블로그에 올리기로 결심했다. 첫 번째 질문의 답부터 마지막 백 번째 질문에 대한 답까지 블로그 포스팅 100개가 완성되었다. 지금 돌아봐도 뿌듯하다. 다른 사람이 내 글을 읽고 나서 그들도 답을 달아볼 수 있도록 각 글 마지막에는 똑같은 질문을 던졌다. 그리고 내가 운영하는 카페에도 순서는 다르지만, 옮겨 두었다. 카페 회원들과도 나누고 싶었기 때문이다. 다음은 그 코칭 질문에 답한 포스팅 글 중 일부이다.

코칭 퀘스천 100
세상이 필요한 것을 위해
당신은 어떤 것을
매일 하고자 하시나요?

– 당신만을 위한 100개의 질문, 426쪽

매일 일어나 기도하고, 감사하겠습니다.

내가 가진 지식과 경험으로,

사람을 돕고 세우겠습니다.

힘든 사람들에게 코칭 대화로

힘과 용기, 실행력을 선물하겠습니다.

나 자신을 이 땅에 보내주신

그분의 뜻에 따라 하루하루를

알차게 살아가겠습니다.

　　매일 글을 쓰기로, 또한 질문에 대한 답을 포스팅하기로 나와 약속하고 그것을 해내기 위해 노력했다. 습관은 처음에 만들기는 어렵지만, 일단 시작하고 21일 이상 꾸준히 하면 정착이 된다. 물론 사람에 따라, 또는 어떤 습관인지 종류에 따라 50일 이상, 100일 이상 진행해야 습관이 되기도 한다. 일단 시작하고 나면 습관이 될 때까지만 노력하면 된다. 그 다음부터는 쉽다. 당신이 꼭 습관으로 만들고 싶은 어떤 것이 있는가? 그렇다면 일단 아주 작게 시작해 보라. 글을 한 번도 안 써 본 사람에게 하루에 A4 한 장씩 쓰라고 하면 시작조차 못한다. 하지만 '한 문장부터 시작해 보세요.'라고 도전한다면 할 수 있을 것이다. 한 문장이 잘 되면 그 다음엔 두 문장, 세 문장. 한 문단, A4 반장 이렇게 점차 그 양을 늘리면 되는 것이다.

　　글쓰기뿐 아니라 다른 습관도 마찬가지다. '운동하기'라는 두루뭉

술한 목표가 아니라 '하루 천 보 걷기', '팔굽혀펴기 5회' 등 하루에 실천할 분량을 정하고 실천해 나가면 습관 만들기는 좀 더 쉬워진다. "새해가 되면 시작하지 뭐."라고 말하지 말자. 내가 시작한 그날부터 가 1일이다. 결심하는 것은 빠른데, 행동하지 않고 깊은 생각과 고민에 사로잡혀 결국은 일을 성취하지 못한다. 이건 무슨 일을 하든지 마찬가지이다. 만약 해야 할 일이 생각나면 바로 행동으로 옮겨보자. 그리고 실행 후에 수정할 건 수정하자. 실패를 두려워하여 행동하지 않는다면 위대한 일은 일어나지 않는다.

꼭 이루고 싶은 목표가 있는가? 그 목표를 이루기 위해 어떻게 작은 목표를 정할 수 있는가? 작은 목표를 이루기 위해 오늘 나는 무엇을 시작할 수 있는가? 이 질문들에 답해 보면서 아주 작은 습관의 힘을 경험해 보기 바란다.

 코칭 질문

1. 당신이 꼭 이루고 싶은 목표는 무엇인가요?
2. 그 목표를 위해 오늘 만들어야 할 작은 습관은 무엇인가요?
3. 목표를 실현하기 위해 오늘 해야 할 일과 하지 말아야 할 일은 무엇인가요?

최고의 변화는 어떻게 만들어지는가, 아주 작은 습관의 힘

습관의 실천으로 인한 일상의 변화

이은아

우공이산愚公移山. 이 사자성어는 쉬지 않고 꾸준하게 한 가지 일만 열심히 하면 마침내 큰일을 이룰 수 있음을 비유한 말이다. 남들이 보기에 – 때로는 내가 보기에도 – 어리석거나 별것 아닌 것처럼 보이지만 그러한 사소한 것이 큰일을 이룰 수 없다고 누가 단언할 수 있을 것인가?

《아주 작은 습관의 힘》 책에서는 이처럼 사소하고 작은 습관이라고 할지라도 결국 그것이 쌓이고 쌓이면 큰 힘으로 나타날 수 있음을 말해주고 있다. 이 책을 접하게 된 것은 2020년 여름 즈음이었던 것으로 기억한다. 시중에 습관을 다룬 여러 가지 책이 있지만,《아주 작은 습관의 힘》이라는 제목에서 책의 내용이 내가 이룰 수 없는 넘사벽에 관해서 쓰고 있는 책이 아닌 나도 뭔가를 이룰 수 있도록 이끌어줄 수 있는 내용을 담고 있는 책인 것 같아 부담 없이 읽을 수 있겠다는 생각으로 책장을 넘기게 되었다.

이 책의 저자는 어렸을 때부터 타고난 재능으로 촉망받는 야구선수였는데, 훈련 중 얼굴 뼈가 30조각이 나는 사고를 당했다. 하지만, 이런 상황에서도 저자는 좌절하는 대신 매일 1퍼센트씩의 성장을 목표로 일상의 작은 성공들을 이뤄나갔고, 꾸준한 노력 끝에 6년 후에 대학 최고 남자 선수로 선정되었고, ESPN 전미 대학 대표 선수로도 선출되었다. 이 경험을 바탕으로 그는 자신을 인생의 나락에서 구해준《아주 작은 습관의 힘》을 전 세계에 알리는 최고의 자기계발 전문가가 되었다고 한다.

이 책을 읽을 당시 나는 개인적으로 우울함을 경험하고 있었다. 족저근막염을 앓고 있었는데(걸을 때마다 발의 통증 때문에 힘들었다.) 병의 치료 속도가 더디어서 자꾸만 낙심되는 상황 속에 있었기 때문이다.

하지만 이 책은 족저근막염을 앓고 있는 나에게 많은 위안을 주었는데 그 이유는 이 책의 저자가 겪었던 시련에 비해 내가 겪고 있는 병은 시련이라고 하기에는 그 정도가 약하였기 때문이다.

우선 저자가 "하루에 조금씩 습관의 힘으로 자신의 좌절 늪에서 빠져나올 수 있었다."라고 쓴 내용이 인상적이었다. 나는 이 문장을 접한 그다음 날부터 하루에 한 가지씩 나에게 긍정 경험을 가져다줄 수 있는 습관들을 시도하고 실천해야겠다고 다짐하였다. 아침에 일어나자마자 발바닥 스트레칭부터 시작하였고, 저녁에는 족욕 하기, 병원에 꾸준히 다니기 등을 실천하기 시작했다. 그 결과 시간은 걸렸지만, 책에서 받은 위안으로 인내할 수 있었고 조금씩 병이 호전되는 기쁨을 누릴 수 있었다.

그리고, 코로나 상황으로 인해 온라인 수업으로 변화된 환경 속에서 학교에서 어떻게 자리매김을 해야 할지에 대해 고민하고 있었는데, 우선 내가 실천할 수 있는 작은 습관들을 찾아보기 시작했다. 퇴근 이후에 온라인 수업방식을 지속해서 연구하는 습관을 만들었고, 동료 선생님들과 소통하는 기회를 만들어서 다양한 수업 방법을 배울 수 있게 되었다. 그 결과 막연한 두려움을 가지고 있었던 온라인 수업에서의 발전을 경험할 수 있었다. 지금은 구글 클래스룸에서 학생들과 만나는 일이 자연스러워졌고, 온라인 수업 도구를 이용하여 수업하는 기쁨도 조금씩 경험하고 있다.

또한, 정리정돈 습관을 갖기 위해 '비움 수행 챌린지'를 지인들과 함께 시작하였다. 하루에 한 가지씩만 버릴 것을 찾고 정리하는 습관을 들이고자 시작된 챌린지는 나에게 소소한 기쁨을 주었다. 평상시 직장맘이라는 이유로 집에 있는 물건들은 정리되어 있지 않고, 널브러져 있는 것이 대다수였는데, 내 삶 속에서 작지만, 바꿀 수 있는 것부터 도전하게 된 것이다. 그 결과 처음에는 보이지 않았던 정리의 힘을 느낄 수 있었다. 예를 들어 선물로 받았는데, 서랍장에 깊숙이 처박아 놓아서 유통기한이 지나 사용하지 못했던 물건을 버릴 때도 앞으로는 집에 있는 물건을 먼저 쓰고 새로운 물건을 사야겠다는 다짐을 하게 되었다. 그렇게 하면 살림의 지혜도 배우고 절약할 수 있게 될 것 같아서 실천하고 싶은 마음이 더더욱 생겼다.

언어 습관의 예도 있다. 특별히 사춘기에 접어든 딸아이와의 관계 속에서 나도 모르게 아이의 말투와 행동을 보면서 짜증내는 습관이 일상화되어 있음을 발견하였다. 그래서 아주 작은 습관으로 일상이 변화되는 것을 경험하고 있던 터라 딸아이에게도 조금씩 칭찬의 말, 격려의 말, 고맙다는 말 등을 해주려고 노력했다.

어느 월요일 아침이었다. 주말에 느슨해졌던 세포를 깨워서 긴장된 마음으로 출근 준비를 하고 있었다. 그런데, 딸아이가 아침부터 짜증을 내면서 일어나고 있었다. 이런 상황에 아침부터 짜증이 났다. 예전 같으면 아침에 나도 짜증을 아이한테 폭발시키며 기분 안 좋게 하루를 시작했겠지만, 방법을 바꿔보기로 하였다.

> 엄마 : (짜증나는 마음을 달래며) ○○아 무엇 때문에 이렇게 짜증이 났어? 엄마가 진짜 궁금해서 그래. 뭐가 잘 안 돼?
>
> 딸 : 오늘 아침에 내가 하고 싶은 게 있었는데, 좀 늦게 일어나서 계획이 틀어져서 짜증이 나.
>
> 엄마 : 하고 싶은 게 있었는데, 좀 늦게 일어나서 계획이 틀어지다 보니 짜증이 나나 보네.
>
> 딸 : (공감 받아서 기쁜 듯 억양이 올라가며) 응. 많이 짜증 나(이 얘기, 저 얘기 더 하고 싶은 얘기를 한다.)
>
> 엄마 : 아침에 엄마가 묻는 말에 계속 짜증 내지 않고, 얘기해 주어서 고마워. 그렇게 표현하는 거야. 표현 잘 하네(엄지 척)
>
> 딸 : 응. 나 그럼 등교 준비할게.

딸하고의 짧은 대화였지만, 대화 중간마다 딸아이를 칭찬해 주고 고마워해야겠다는 마음을 먹고 나눈 대화여서 그런지 금방 아이의 마음이 누그러지고, 나도 다시금 평정심을 찾을 수 있었다.

언어의 습관을 긍정적으로 조금씩 바꾼 이후로 예전에는 딸아이가 학교에서 돌아와서 나와는 얘기도 잘 안 하고 자기 방으로 쏙 들어가곤 했는데, 이제는 나에게 와서 학교에서 일어났던 일에 대해서 소소하게 털어놓고 있다. 엄마에 대한 마음의 문이 다시 열리는 것 같아 다행이다.

물론 잘 고쳐지지 않는 습관도 있다. 그건 건강과 인간관계에 대한 부분이다.

건강관리는 "건강을 위해 영양 정보를 알아보고, 영양이 풍부한 음식을 섭취하려고 노력한다. 나에게 맞는 운동을 찾아서 날마다 꾸준히 한다." 등 기본적으로 실천해야 하는 것은 알고 있지만, 말처럼 잘되지 않는다. 그럴 때는 이것을 왜 실행하기가 어려운지 생각해본다. 그리고 가장 쉽게 실행할 수 있는 것부터 습관으로 만들어 보자 하는 마음으로 한 걸음을 떼어본다. 하지만, 작심삼일인지라 그것도 쉽지 않다. 그러면 다시금 생각해 본다. '지금처럼 건강관리를 하게 되면 5년 후에는 나의 모습은 어떨까?' 갑자기 걱정이 밀려온다. 지금이라도 할 수 있는 습관부터 해야겠다는 다짐을 하게 된다.

인간관계에서는 15년 가까이 여학교에 있었기 때문에 남학교에 전근을 와서 남학생들하고 관계 형성을 하는 것이 무척이나 어려웠다. 수업하면서도 받는 피드백이 여학생과 너무 달라서 수업에 대한 열정도 여학교에 있을 때보다 많이 감소하였고, 사고방식 자체가 여학생과 많이 다른 남학생들과의 관계 형성이 어려웠다.

그런데, 계속 남학교에 있을 경우에 아무런 노력도 하지 않고 지나간 5년 후의 나의 모습을 상상해 보았고, 그럴 경우 후회만 남을 것 같아서, 하루에 한 가지씩 작은 것이지만 습관을 들이기로 마음먹었다. 예를 들어 의기소침해 있는 하루 한 명의 학생에게 학생의 가능성에 대해 말해주기 등이다. 아주 작은 습관부터 실천해서 성공 경험을 얻어야겠다는 생각이 들었다. 벌써 그 열매는 소소하게 맺고 있다. 남학생이 먼저 와서 나에게 마음을 열고 자신의 고민을 얘기하고 있다. 변화의 시작은 작지만, 몇 년이 지난 후에는 남학생들의 성장을 도울 수 있는 멋진 교사가 되어 있을 거라 믿어 의심치 않는다.

나는 이제까지 이 책을 읽고 아주 작은 습관을 실천하여 성취했던 경험을 나누었다. 이 모든 것이 저자가 말하는 문장 하나에도 도전을 받게 되어서 실천하고 얻은 삶의 열매들이다. 지금도 삶의 성장을 위해 조금씩 습관들이고 싶은 영역이 무엇인지 찾아보고 있는 중이다. 독자 여러분들도 아주 작은 습관의 힘으로 일상의 변화를 경험하는 기쁨을 누리기를 소망한다.

티끌 모아 태산, 작은 습관의 힘

우민정

현재 필사, 건강, 습관 챌린지를 이끌어가고 있다. 내가 먼저 원하는 습관을 거듭 훈련을 통해서 결과물을 만들어 내고 이를 지속하기 위해서 같이 할 수 있는 팀을 만들다 보니 하나씩 늘어났다. 습관으로 만들기 가장 좋은 방법은 같이 할 수 있는 팀을 묶는 것이다. 혼자 하면 습관을 만들기 위해 최소 6개월 이상이 걸린다. 그러나 같이하면 습관은 유지되고, 함께하는 분들에게 동기부여를 주는 가치 있는 일이 된다.

나의 습관으로 만드는 데 가장 큰 힘은 동기부여다. 고등학교 1학년 국어 선생님의 지도 방식에 가장 큰 영향을 받아서 20여 년 전이지만 국어 선생님이 가르쳐주시는 방식이 너무 잘 맞았고 흥미로웠던 덕분에 개념 정리하는 습관, 분석하는 습관이 만들어졌다. 선생님은 교과서 지문을 한 줄 한 줄 읽어주시며 핵심 문장에 밑줄을 긋게 하고, 밑줄 그은 곳에 보충 설명을 적게 하셨다. 여백에 메모 활용을 많

삶을 읽다, 마음을 나누다

이 했고, 여백이 모자라면 메모지를 사용하여 적고 또 적기를 매일 반복했던 기억이 난다. 그때부터 정리하고, 분석하는 습관이 배여 모든 공부에 적용되어 공부의 힘이 생겼다.

고등학교 때 공부법이 동기부여가 되면서 연결고리로 만나게 된 것이 '본깨적 독서법'이었다. '본깨적 독서법을 소개하자면 3p 자기경영연구소 독서법 메인 강사이시면서 《어쩌다 도구》의 책의 저자이신 이재덕 강사님은 '본깨적 독서'를 이렇게 표현하고 있다.

"'본깨적'이란 책의 핵심을 보고, 나의 언어로 깨달은 것을 삶의 현장에 적용하는 방법이다."

'본깨적' 독서법을 만나고 고등학교 때 국어 선생님의 지도 방식과 나의 공부법이 닮아서 정말 놀라웠다. 더 전문적으로 배우고 싶어서 2019년부터 현재까지 3P자기경영연구소 교육법에 푹 빠져서 독서기본과정, 셀프리더십 기본과정, 독서리더 과정, 청소년 비바앤포포 코치 과정을 이수하고, 3p코치과정에 참여하고 있다. 이 역시도 독서법이 동기부여가 되어 거듭 훈련과 코칭을 통해 습관으로 만들어 본업에도 성과가 이루어지고 있다.

작은 습관이 큰 힘이 된 습관은 필사이다. 필사를 통해 기적 같은 일이 일어났다. 귀한 인연을 만났기 때문이다. 첫 번째로 만난 분은 《지금 시작하는 힘》의 심상범 저자님, 두 번째로 만난 분은 《체인지UP하라》의 서성미 저자님, 세 번째는 《어쩌다 도구》의 이재덕 저자님이다. 글귀 하나하나 버릴 수 없이 가슴으로 읽었다. 감사한 마음에 절로 책을 통째로 필사하기 시작했다. 필사하면 좋은 점은 저자와 1:1로 대화하는 느낌이 들고 대화 글자와 글자 사이의 쉼표가 있듯이 같이 호흡하고, 같이 벅차하고, 같이 울고, 저자의 감정에 이입이 되는 느낌이 좋다.

필사하면서 생각한 것이 있다면 언젠가 세 분의 저자님을 만나면 필사한 노트에 사인을 받으며 감사하다고 전해드려야지 하는 마음으로 한 권의 책이 다 끝날 때까지 정성을 들였다. 그런데 정말 기적 같은 일이 일어났다. 필사한 세 분의 저자를 만나서 사인을 받았고, 세 분 모두 내가 있는 곳으로 찾아와 주셨다. 내 생애 작가님을 만난다니 꿈만 같은 일이 일어나 너무 벅찼다. 필사의 인연으로 나의 멘토가 되고, 전화하는 사이, 종종 만나는 사이, 같이 프로젝트를 진행하는 사이가 되었다.

뭐든 지금 하고 있는 것을 끝까지 해보라. 알 수 없는 길, 보이지 않는 길이라도 반드시 내가 지금 무엇을 하든 그 관련된 인연을 꼭 만날 것이다. 이것이 끌어당김의 법칙 아니겠는가. 나에게 필사는 감사 感謝를 담은 필사이다.

오늘도 학교 운동장으로 곧장 걸어가 한 시간 정도 걷고 뛰기를 반복하고 집으로 돌아왔다. 건강을 위해 우선순위에도 없던 운동을 매일 빠짐없이 한다는 것은 나에게 있을 수 없는 일이었다. 그랬던 내가 굳은 결심을 할 수밖에 없던 이유는 바로 건강 악화였다.

40대가 된 신고식을 하는 듯 꽤 무거운 진단을 받았다. 글씨가 평소보다 잘 보이지 않고 사람들의 얼굴이 뿌옇게 보여 못 알아볼 정도여서 시력이 많이 떨어졌다고 생각하고 안과 검진을 받았는데 망막혈관폐쇄증이란 진단을 받았다. 일종에 눈 중풍이라고 하셨다. 선생님께서 나이를 다시 확인하시고 의아해하며 내과적 검사도 필요하다고 의뢰서를 써주셔서 내과 검진을 받았는데 고지혈증이란다. 이게 웬일인가? 고지혈증이라니 생각지도 못했던 일이 한꺼번에 일어났다. 문제는 이것으로 끝나지 않았다. 호르몬 불균형 진단까지 추가로 받게 되면서 본격적으로 병원 치료를 받기 시작했다. 그때부터 정신이 번쩍 든 나는 우선순위에도 없던 운동을 1순위로 넣고 새로운 목표를 세우기 시작했다. 2021년 1월 1일부터 매일 한 번도 거르지 않고 운동을 1시간씩 하는 것이 목표였고 글을 쓰는 오늘까지 285일째이다.

나는 건강을 위해 철저하게 운동습관, 새벽 기상, 식습관을 바꾸기 위해 동네 산부터 타기 시작했고, 학교 운동장을 매일 달렸고, 달리면서 횟수를 늘리고, 공원 헬스기구를 이용해 근력운동을 시작했다. 혼자 하기 힘들어 남편과 같이 시작했다. 부부가 같이 운동을 하니 지속할 힘이 생겼다. 남편과 같이 운동한 덕분에 혼자서도 운동을 잘하게 되었다. 운동장을 열 바퀴 이상을 달리고, 오전, 오후로 운동을 했고, 병원 도움을 받거나, 보조제도 이것저것 섞어 먹지 않고 철저하게 운동, 식단, 한 제품 영양제만 챙겨 먹으며 관리하기 시작했다.

처음 돌 때 운동장 1바퀴만 돌아도 숨이 찼는데 매일 멈추지 않고 뛰다 보니 한 번에 열 바퀴를 뛰고, 윗몸일으키기를 10개 하기도 힘들었는데 100개를 10분 만에 한다. 건강을 회복하고 예방하고 유지하기 위해 철저하게 지킨 4가지 비법이 있다.

첫 번째는 운동으로 매일 30분 이상 걷거나 달리는 것이고,
두 번째는 식단으로 매일 아침, 저녁은 과일 야채식으로 하고,
세 번째는 영양제로 섞지 않고 한 제품만 꾸준히 먹는 것이며
네 번째는 함께 팀을 이루어 유지하는 것이다.

매일 꾸준히 하다 보니 체지방이 25프로에서 4프로 미만까지 떨어지고, 근육량이 27, 내장지방 1인 결과를 만들어냈고, 건강 검진에서 검사 수치가 모두 정상으로 나왔다. 건강 악화가 동기부여가 된 나만의 건강 습관을 만들어 10개월째 유지하고 있고, 유지의 힘이 된 강력한 무기인 팀으로 묶어 같이하는 분들에게 동기부여를 주는 가치 있는 일을 하고 있다. 어떤 도전이든 시도했다면 목표 달성을 해보기를 권한다. 그 경험이 쌓여 습관이 되면 나의 강력한 무기가 될 것이다.

꾸준함의 비법, 습관 (feat. 관객)

이재욱

_____

꾸준하지 못한 나 자신에게 실망한 적 있으신가요? 저도 꾸준하지 못한 자신에게 실망하였습니다.

"몇 개월 등록해 드릴까요?"

"6개월 등록해 주세요."

헬스장을 등록했다. 취업 후 3년 만이다. 30대에 들어서니 몸이 예전 같지 않음이 느껴졌다. 회사에서의 빈번한 회식으로 배가 점점 나오고 있었다. 야근을 자주 했는데, 아침에 일어나는 게 점점 힘이 들었다. 체력이 점점 떨어지고 있는 것이 느껴졌다. 하루는 나도 모르게 늦잠을 자버리는 바람에, 회사에 지각도 했다. 변화가 필요했다. 운동하기로 마음먹었다. 체력을 다시 길러야겠다고 생각했다. 그렇게 덜컥 6개월의 헬스장을 등록하게 되었다.

러닝머신 위에서 조금만 뛰어도 숨이 차고 힘들었지만, 운동을 시작하고 나니 기분이 좋았다. 살아있음을 느낄 정도였다. 비 오듯이 흐르는 땀도 기분 좋게 느껴졌다. 오랜만에 시작한 운동이 삶의 활력을 되찾아 주고 있었다. 회식을 한 날도 야근을 한 날도 운동하러 갔다. 10분 걷기를 하더라도 말이다. 그렇게 한 달 동안 하루도 빼먹지 않고 헬스장에 갔다. 그러나 점차 게을러지기 시작했다. 시간이 지남에 따라 운동이 주는 활력은 점점 감소했다. 운동을 빼먹기 시작했다. 점차 헬스장을 가는 횟수가 줄어들었다. 3개월이 지난 시점에서는 일주일에 두세 번 헬스장을 갈까 말까 하였다. 나의 꾸준함이 이것밖에 되지 않는 게 실망스러웠다.

탤런트 차인표 씨는 2021년을 시작하며 친구와 꿈을 이루기 위한 도전을 함께하게 되었다. 운동 잡지 표지 모델이 되는 것이었다. 목과 허리의 디스크 판정을 받았고 양 무릎 관절도 고장이 나서 운동을 마음 놓고 할 수 없는 상황이었다. 꿈을 이루기 위해서는 재활과 운동, 다이어트를 병행해야 했다. 운동에만 하루 6시간이 필요했다. 그래서 밤의 세상에서 새벽의 세상으로 생활 방식을 바꾸기로 마음먹었다. 처음 몇 주간은 의지력으로 버텼다. 습관이 형성되자, 의지로 버티는 것이 아니라 습관이 자동으로 새벽에 일어나 운동을 할 수 있도록 돕고 있었다. 의지가 지칠 때, 습관이 아군이 되어 싸워준다는 것을 경험했다.

그렇게 꾸준히 운동해나간 덕분에 운동 잡지는 아니지만, 사회적 잡지인 빅이슈 7월 호에 친구와 함께 표지 모델이 될 수 있었다. 친구와 나눈 단순한 이야기에서 시작된 꿈을 이룬 것이다. 꿈을 이룸에 있어서 열정이나 거창한 계획이 있었던 것은 아니었다. 차인표 씨가 말하는 단순한 이유 2가지는 바로 '습관'과 '그 습관이 만드는 변화를 지켜봐 준 딱 한 명의 관객'이었다. 그렇다. 차인표 씨와 친구는 서로의 관객이 되어 주었던 것이다.

헬스장을 자주 못 가니 남은 헬스 등록 기간이 아까웠다. 헬스장 내 무료 이용 가능한 GX 프로그램인 요가가 눈에 들어왔다. 요가는 대부분 아줌마가 하는 듯했는데, 다행히 남자도 간간이 보였다. 이용 가능한 시간을 미리 봐두었고 저녁 9시에 시작하는 마지막 클래스가 적당해 보였다. 하루는 용기 내 문을 열고 들어갔다. 눈치껏 구석에 쌓여있는 매트를 하나 꺼내 와서 빈자리에 펼쳤다. 아저씨 한 분도 보였다. 나만 남자가 아닌 사실에 안도감이 들었다.

"거기 남자 분, 양말을 벗고 하세요. 다칠 수 있어요."

선생님이 말했다. 나에게 하는 말이었다. 주변을 살펴보니 나만 두꺼운 헬스 양말을 신고 있었다. 양말을 벗고 열심히 동작을 따라 했다. 홍쌤이라고 불리는 요가 선생님은 말로 몸의 동작을 어떻게 취해야 하는지, 어느 부위에 자극이 되는 동작이며 집중을 해야 하는지 잘 표현하는 능력이 있었다. 하지만 요가가 처음인 나는 소리가 잘 들리지 않으며 주변을 살피며 자세를 비슷하게 흉내 내기 바빴다. 홍쌤이 와서 자세를 많이 바로잡아주었다. 그렇게 1시간 선생님의 지시에 따라 요가를 하고 나니, 땀범벅이 되었다. 요가를 마치고 나오니 허벅지가 후들거렸다. 입구에 있던 아줌마 한 분이 말했다.

"총각, 내일도 또 나와~ 처음치고는 잘하던데!"

그렇게 요가에 입문하게 되었다. 요가 클래스 시간에 맞춰서 운동하러 가다 보니 점차 루틴이 만들어졌다. 회식이 없는 날은 눈치껏 조금 일찍 퇴근해서 수업을 꾸준히 들었다. 생각보다 운동이 많이 되었다. 점차 다리가 후들거리는 증상은 나아졌지만 날마다 땀범벅으로 퇴장하는 건 변함이 없었다. 시간이 지나자 내 몸이 점차 변화되는 것을 느낄 수 있었다. 한 발로 중심을 잡고 서는 나무 자세가 있는데, 처음에는 5초도 못 버텼다. 시간이 지나자 중심 감각도 생겼고 버티는 시간도 늘어갔다. 나의 몸의 균형과 중심을 찾아가고 있었고, 새로운 동작을 해내며 성취감도 느끼고 있었다.

아내에게 함께 요가를 다니자고 했다. 아내도 요가를 다녀본 적은 있었으나, 그 기간은 얼마 되지 않았다. 함께하기 좋은 운동이라는 생각이 들어서 아내에게 제안한 것이다. 아내는 흔쾌히 나의 제안을 받아주었다. 아내도 다행히 나와 같이 몸의 변화와 성취감을 느꼈다. 우리는 서로 동작도 봐주고 인증 사진도 찍어주었다. 인스타그램에 운동 계정을 만들어 사진과 동영상을 게시하기도 하였다. 함께하니 의욕도 2배, 기쁨도 2배, 끈기도 2배가 되었다. 역시 빨리 가려면 혼자 가고 멀리 가려면 함께 가야 한다. 그렇게 3년이 넘도록 아내와 함께 요가를 할 수 있었다.

꾸준함의 비법은 루틴화 된 일상 즉, 습관인 것 같다. 불규칙적으로 헬스장에서 운동을 시작했을 때에는 꾸준하지 못하여 스스로 실망했었다. 하지만 정해진 9시 요가 수업을 나가니 생활 루틴이 만들어졌고 그것이 습관으로 자리 잡혀 꽤 오랜 기간 운동을 지속할 수 있었다. 그런데 차인표 씨가 말한 것처럼 그 습관에 한 가지가 더 추가되면 좋을 것 같다. 바로, 변화를 지켜봐 주는 단 한 명의 관객 말이다. 나에게는 감사하게도 아내가 나의 관객이 되어 주었다. 무언가를 정말 꾸준히 하고 싶다면 주변을 한번 둘러보는 것은 어떨까? 나의 관객이 되어줄 사람, 함께 습관을 만들어갈 사람이 누가 있는지 살펴보기 위해서 말이다.

이불 개기가 쏘아 올린 작은 공

조성윤

"얘들아, 빨리 이불 개고 세수해!"

아침 7시 30분. 모닝 잔소리로 시작하는 우리 집 풍경. 아침을 준비하며 라디오를 켜면 두 아이는 이부자리를 정리한다. 우리 집은 침대가 딸 하나밖에 없다. 아이들이 어려 같이 잘 때 침대를 없앴다. 잠자리를 분리한 지금도 요를 깔고 자고 있다. 처음에는 자고 일어나기 바빠 이불을 개지 않았다. 널브러진 이불 위에 피곤할 때마다 누워 뒹굴뒹굴하기 일쑤였다. 아이들이 학교 가면 이불 위에 누워 드라마도 보고 책도 읽는데 어찌나 꿀맛이었던지. 그러다 스르륵 낮잠도 자곤 했다. 이부자리 정리나 청소는 누가 올 때만 급하게 하는 거 아닌가?

유튜브 하나를 만났다. "세상을 변화시키고 싶으면 매일 아침 이부자리를 정리하라." 해군 제독 윌리엄 맥 레이븐의 텍사스 대학교 졸업식 연설을…… 침대를 정돈하는 습관이 인생에서 얼마나 중요한 일

삶을 읽다, 마음을 나누다

인지 멋진 제독의 목소리에 반했다. 아침에 정리하면 집에 돌아와 정돈된 침구를 보고 성취감이 쌓인다고 했다. 용기도 생긴다고 한다. 설마 그런 작은 습관이 세상을 변화시킨다고?

나같이 생각한 사람이 또 있었다. 정말 매일 이불만 개면 세상을 변화시킬 만큼 위대한 사람이 될까? 〈한달인생tv〉 유튜버는 맥 레이븐의 연설을 보고 호기심에서 시작했다. 이불을 개니 어지러운 방이 보여 정리하게 되었다. 정리된 방에 냄새나는 것이 싫어 금연하고 일찍 일어나게 되었다고 한다. 그 과정을 유튜브에 기록하다 보니 어느새 독자 수가 1만 명이 넘었다. 작은 변화들이 계속 누적되어 1년 전의 나와 지금의 내가 달라졌다고 말한다. 작은 습관들이 쌓이면 눈덩이처럼 불어난다는 것이다.

그렇다면 나도 해볼까? 그런데 생각만큼 습관이 생기기는 쉽지 않았다. 아이들은 이부자리 정리하라고 시키면서 나는 은근슬쩍 넘어가곤 했다.

"엄마는 왜 안 해요?"

아이들의 볼멘 목소리. 이크! 들켰다. 모르는 줄 알았는데 아이들은 다 보고 있었다. 작은 습관이라도 절대로 포기하지 않으면 세상을 변화시킬 수 있다고 습관의 힘을 강조했는데. 엄마의 체면이 있지. 그래 까짓것 이불 갠다!

아침에 일어난다. 귀찮음이 몰려오지만, 눈을 질끈 감고 이불을 갠다. 개고 나니 뭔가 뿌듯하다. 아이들에게도 잘난 척과 큰소리를 칠 수 있었다. 아이들이 이부자리를 정돈해서 안방으로 가져왔다. 요를 자꾸 밟고 다니는 게 거슬렸다. 이불뿐만 아니라 요도 개고 매트도 접어 정리했다. 매트를 접으니 머리카락과 먼지들이 눈에 띄었다. 이렇게 많은 먼지 위에서 자고 있었던 건가. 둘째 아이 등교 후에 청소기를 돌렸다. 초등학교 5학년인 큰아이가 코로나로 원격수업을 하니 조용히 해야 한다는 핑계로 오전을 드라마와 핸드폰을 했었다. 아이 점심 챙겨주고 오후에 그림책 수업을 나가면 청소는 어쩌다 한 번 할까 말까였다. 미루다 보니 정리하고 청소하는 데 시간이 오래 걸려 스트레스였다. 누가 온다고 해야 청소를 했다. 은근히 사람들이 안 왔으면 하고 생각할 때도 있었다. 지금은 청소하는데 15분이면 된다. 엄마가 먼저 이불을 개고 정리하니 아이들도 따라서 한다. 굳이 잔소리하지 않아도 되는 것이었다.

이불을 개는 습관이 생기니 다른 습관도 만들고 싶어졌다. 남편은 경제신문을 본다. 우리 동네는 신문배급소에서 수익성이 없어 배달할 사람이 없다고 한다. 언제부턴가 1층 우편함에 신문을 놓고 간다. 아침에 신문 보던 남편이 1층까지 가서 가져오느니 끊자고 했다. 신문은 아이들 것도 있어서 끊기는 아쉬웠다. 그럼 내가 가지고 오기로 마음먹었다. 남편의 출근 시간은 오전 7시 05분. 적어도 10분 전까진 신문을 가져와야 한다. 평소 늦게 자서 남편 출근 시간엔 비몽사몽인데 해낼 수 있을까? 미션 임파서블 시작!

아침 6시 30분에 일어나 이불을 갠다. 졸리지만 이불을 개니 잠이 좀 깨는 듯하다. 눈곱도 떼지 않고 우편함에서 신문을 가져와 출근 준비하는 남편에게 주었다. 웬일이지라는 눈빛으로 신문을 받았다. 신문을 본 남편은 출근해서 기사를 요약해 보내 주었다. 몇 번 하고 나니 습관 하나를 또 만들고 싶었다. 예전에 하던 계단 오르기가 생각났다. 일어나자마자 이불을 정리하고 1층으로 내려간다. 신문을 들고 15층까지 계단을 오르면서 1면 기사를 대충이나마 읽는다. 집에 도착하면 목이 말라 물 한 잔을 마신다.

이불 개기라는 작은 습관이 쏘아 올린 공이 아침 기상, 청소, 오전 시간 활용, 남편과 나의 신문읽기, 계단 오르기, 공복 물 한 잔으로 연결되었다. 그동안 내가 습관을 잡으려고 노력했지만 안 되었던 것들이었다. 신기했다.

"세 살 버릇 여든까지 간다."라는 속담이 있다. 좋은 것이든 나쁜 것이든 습관은 한번 붙으면 쉽게 바뀌지 않는다. 처음에 좋은 습관을 붙이고 싶어 남들이 하는 습관들을 무작정 따라 했다. 미라클 모닝, 감사일기 쓰기, 책 읽기, 글쓰기 등등……. 나를 모르고 남을 따라 하는 습관은 쉽게 붙지 않았다. 오히려 실패라는 좌절만 안겨주었다.

《아주 작은 습관의 힘》에서는 습관에도 적성이 있다고 했다. 계속 습관 잡기에 실패했던 게 나의 의지박약만이 아니었던건가. 반가운 마음에 그 부분부터 먼저 읽었다. 저자는 사람의 기질과 성격, 유전적 특성에 따라 자신에게 잘 맞는 습관과 그렇지 않은 습관이 있다고 한다. 유전적으로 성향이 맞는 분야는 습관을 쉽게 만들 수 있는 것이다. 그렇다면 내가 잘 맞는 분야는 어떻게 알 수 있을까? 그러자면 자기 자신을 잘 알아야 한다고 했다. 모두가 해야 한다고 말하는 습관을 세울 필요는 없다. 자신에게 가장 잘 맞는 습관을 골라야 한다.

나는 귀찮거나 시간이 걸리는 것은 오래 하지 못한다. 한꺼번에 이 것저것 하기보다 5분 안에 할 수 있어야 한다. 이것 하나만 시작했다. 습관이 몸에 배고 나서야 다른 하나를 더 시작했다. 하지만 이것도 가 짓수가 늘어나니 한두 개 빼먹는 날이 종종 생겼다. 10등급 습관 체크 리스트가 생각났다. 10가지 습관을 1일부터 30일까지 표로 만들어 해 내면 체크 하는 것이다. 처음에는 습관을 잊어버리지 않고 매일 하기 위한 목적으로 시작했다. 습관 성공으로 동그라미를 치며 성취감이 느껴졌다. 내 10등급 체크리스트는 아직 ○보다 ×가 훨씬 많다. 하지 만 이불 개기는 항상 ○ 표시다. 하다 보니 습관으로 얼마만큼 성장했 는지 알 수 있겠다 싶었다. 오늘의 작은 습관들이 조금씩 쌓여간다면 언젠가 복리가 되어 돌아오리라 믿는다.

작은 습관들이 내 인생을 결정한다는 기대감으로 시작한다. 하지 만 큰 변화가 없어도 낙심하지 말자. 《아주 작은 습관의 힘》에서 과정 들은 축적되고 있다고 한다. 눈에 보이는 결과가 없으니 쉽게 그만두 는 것이라고. 어느 날 어느 순간에 아주 작은 차이여도, 몇 달 몇 년이 지나면 그 영향력은 어마어마해진다고 한다.

얼마 전 만난 옛 지인이 내 분위기가 달라졌다고 했다. 많이 큰 것 이 보인다고 했다. 내 습관들이 속에서 조금씩 쌓여가고 있나 보다. 세 살 버릇 여든까지 간다는데 마흔 버릇 평생 가져가야지.

습관을 통해 작은 성공을 경험하다

이은혜

독서모임 4번째 주제 책으로 《아주 작은 습관의 힘》을 읽었다. 이 책은 미국을 넘어 전 세계 20여 개 나라에서 출간된 베스트셀러다.

저자는 야구선수로 활동 중에 큰 사고를 당했다. 생사를 오가는 힘든 시간을 보냈다. 다행히 건강은 회복했으나 운동선수로 활동하기까지 많은 인내가 필요했다.

현재는 미국의 습관 코치 전문가로 이름을 떨치고 있다. 저자가 어려움을 극복할 수 있었던 비결은 작은 습관의 실천에 있었다. 일찍 잠자리에 들었고, 방을 깨끗이 치우고 정리했다. 작은 일이었지만 반복을 통해 스스로에 대한 신뢰를 쌓아 나갈 수 있었다. 공부나 일에도 습관을 만들어 작은 성공을 경험했다. 습관을 통해 다시 일어설 수 있었다.

책을 읽으며 나의 습관들을 되돌아봤다. 문득, 초등학생 때 방학 전후로 생활계획표를 짜던 시간이 생각났다. 컴퍼스로 커다랗게 원을

171

그리고 선을 그어서 하루 계획표를 만들곤 했다. 아침 기상, 세면, 식사, 공부, 놀기, 집안일 돕기, 독서, 취침 등. 매번 비슷한 걸 적으면서도 만드는 데 시간이 한참 걸렸다.

"이번만은 제대로 실천하자." 생활계획표를 만들 때마다 다짐했던 것 같다. 예쁘게 색칠하고 꾸미기도 했지만 며칠 이어나가지 못했다. 방학 숙제도 미뤄뒀다가 학교 가기 며칠 전날부터 벼락치기로 해내곤 했다. 가장 문제는 일기 쓰기였는데, 날짜와 날씨를 맞추려니 안 맞아서 고민했던 기억이 난다.

성인이 되어서도 작심삼일이 되었던 일이 많았다. 다이어트, 운동, 영어회화 공부 등. 많은 계획을 세웠지만 오래 이어가지 못했다.

무엇이 문제였을까? 여러 가지 이유가 있겠지만, 습관이 되기까지 지속하지 못했던 문제가 크지 않았나 싶다.

그랬던 내가 언젠가부터 꾸준히 하는 게 가능해졌다. 아마도 카페에 독서인증을 지속하면서부터 습관이 만들어지기 시작한 것 같다. 저자 특강을 듣고 와서 바로 인증을 남기기 시작했다. 날짜와 인증 횟수, 책 제목, 읽은 분량, 기억나는 문장 등을 기록해 나갔다. 100일을 마치면 선물을 준다길래 선물을 받고 싶은 마음에 계속 참여했다. 10일, 20일, 50일, 100일을 넘어가다 보니 '습관이란 게 이런 거구나. 습관으로 자리 잡히면 훨씬 편하게 갈 수 있구나!' 하는 걸 느끼게 되었다. 처음으로 100일을 달성했더니 독서노트를 선물로 받았다. 작가와 소통할 수 있는 것도 신기했고 선물까지 받을 수 있어서 좋았다. 그 이후로 모닝 독서에도 참여해 여러 책을 함께 읽어나갔다.

2019년 8월부터 《토지》 전집을 읽어나가기 시작했다. 혼자였으면 20권이나 되는 장편 소설은 엄두도 못 내었을 텐데, 함께하는 분들이 있어 도전할 수 있었다. 읽다 보니 점점 더 이야기에 빠져들게 되었고, 인물 관계에서 감동과 재미를 느꼈다.

9월부터는 4개월에 성경 1독 하기 과정도 참여했다. 성경을 매일 10장씩 읽으니 신약은 9월 한 달 만에 읽을 수 있었다. 구약도 3개월 안에 다 읽을 수 있었다. 4개월 만에 성경을 읽으리라곤 생각 못 했는데 최단기간으로 완독할 수 있었다.

가끔은 성경을 읽어주는 〈드라마 바이블〉 앱을 이용해 읽기도 했다. 배우들의 생생한 목소리로 말씀을 들으니 더 실감나게 읽을 수 있었다. 성경 통독을 하며 지혜의 말씀을 읽는 가운데 믿음의 확신과 위로, 은혜와 감사를 풍성히 경험할 수 있었다.

《토지》도 몰입해 읽었더니 12월에 총 6권을 읽고, 20권 완독을 마무리할 수 있었다. 박경리 작가의 필력을 느낄 수 있는 시간이었다. 20권이나 되는 책을 집필하고, 수많은 인물 관계를 설정해 그들의 심리를 자세히 묘사한 걸 보면서 작가에 대한 존경심이 들었다.

2019년 4분기는 토지 소설과 성경 통독, 그 외에 다른 책들도 읽으며 독서에 푹 빠져서 지냈다. 20권을 완독했다는 보람과 성경을 단기간에 통독했다는 뿌듯함을 경험한 시간이었다.

늘 습관 형성이 안 되어서 문제였는데 카페를 통한 인증이 어떤 시스템을 만들어 주지 않았나 하는 생각이 든다. 매일 기록해야 한다는 의무감이 있었고, 목표 달성 시에 받는 칭찬, 커피 쿠폰 등 보상의 기뿜이 있었다. 인증을 통한 보람과 회원들과 함께하는 소속감도 느낄 수 있었다. 그러면서 '나도 할 수 있구나' 하는 작은 성공에서 오는 성취감도 만끽할 수 있었다. 이런 여러 가지 요소들이 좋은 습관을 만드는데 밑거름이 되어 주었다.

이를 바탕으로 다른 챌린지도 도전해 1일 1시 기록, 왕초보 영어회화 공부, 블로그 포스팅, 글쓰기 기록 등 100일 목표들을 달성했다. 이전의 성공 경험이 있었기에 할 수 있다는 자신감으로 거뜬히 해낼 수 있었다.

반면, 다이어트 관련해서는 여러 가지 방법들을 시도해 봤지만 실패하는 경우가 많았다. 고구마, 식초, 검은콩, 그 외 건강식품들도 먹어봤고, 원푸드, 황제 다이어트, 한약 복용까지 각종 노력을 기울여 봤지만, 잠시 체중이 빠졌다가 원점으로 되돌아오는 경우가 많았다. 주로 혼자서 진행하다 보니 끈기 있게 하지 못했다. 빨리 가려면 혼자 가고, 멀리 가려면 함께 가라는 아프리카 속담처럼 함께하는 힘이 필요했다.

지인들과 100일 챌린지에 참여해 기록을 남기기 시작했더니 변화과정이 눈에 보였고, 서로 자극도 주고받으면서 좀 더 효율적으로 체중을 관리할 수 있었다.

혼자서 습관을 꾸준히 실천하기는 힘들 수도 있다. 그럴 때는 관심 있는 모임에 들어가 함께 인증을 하면 즐겁게 더 오랫동안 습관을 만들어 갈 수 있다.

체크리스트를 만들어 활용해보는 것도 도움되었다. 글쓰기 습관을 잡기 위해 혼자만의 체크 양식지를 만들었다. 아침 글쓰기와 매일 감사일기 5개 올리기, 3개의 소원 쓰기 등을 체크하며 습관을 만들어 가고 있다. 독서 습관을 위해서도 매일 읽은 책 제목과 분량, 기억나는 문장들을 기록하며 체크하고 있다.

혹시 습관이 잘 잡히지 않는다면 습관의 강도를 낮춰보길 권한다. 높은 목표를 설정하면 힘들어서 포기할 수 있으므로, 처음에는 목표치를 낮게 설정하고, 어느 정도 익숙해지면 조금씩 높여나가는 것도 좋은 방법이다. 그래도 잘 안 될 땐 돈을 걸고 인증하는 방법도 있다. 돈이 아까워서라도 실천하게 된다.

하지만 계속 노력해도 습관이 잘 안 잡히는 경우도 있다. 나에게 새벽 기상은 늘 어려운 과제였다. 올빼미형이라 밤늦게 활동하는 일이 많았다. 일찍 자야 일찍 일어날 텐데, 1시, 2시를 넘어 자니 새벽에 일어나기가 참 어려웠다.

8월에는 한 달 동안 12시에 자고 5시에 일어나는 새벽 기상을 실천했다. 때로 늦게 자고 일찍 일어나 피곤할 때도 있었지만, 새벽을 열며 하루를 시작했더니 훨씬 활기가 있었고 시간을 알차게 사용할 수 있었다.

일찍 일어나는 습관을 잡기 위해 최근에 다시 새벽 기상 챌린지에 참여했다. 미라클 모닝을 만들기 위한 노력을 하고 있다. 몸은 피곤했지만 마음만은 상쾌함을 느낄 수 있었다. 이 또한 반복해서 습관으로 자리 잡으면 훨씬 수월하게 새벽을 열어갈 수 있을 것이다.

나의 습관 잡기는 이렇게 실패와 실행을 반복하며 계속 이어나가고 있다. 비록 작심삼일이 되더라도 작심삼일을 반복하면 시간을 누적시킬 수 있다. 새로운 행동을 습관화하는 데는 최소 21일이 걸린다고 한다. 작심삼일을 7번 반복하면 어느 정도 습관으로 만들 수 있을 것이다. 변화를 바라고 노력하는 가운데 조금씩 발전해 나가리라 믿는다.

《아주 작은 습관의 힘》에서 습관은 복리로 작용한다는 말이 나온다. 돈이 복리로 불어나듯 습관도 반복되면서 그 결과가 곱절로 불어난다고 한다. 좋은 습관도 나쁜 습관도 마찬가지다. 키우고 싶은 습관과 버리고 싶은 습관을 잘 생각해보고 바른 습관을 만들어 나가는 게 중요하겠다. 우리의 삶은 몇 번의 변화로 만들어지는 것이 아니라 그동안의 쌓인 습관으로 만들어진다는 것을 기억했으면 한다.

바라는 모습이 있거나, 만들고 싶은 습관이 있다면 아주 작은 것부터 실천해 보시길 바란다. 10회, 50회, 100회 계속 이어가다 보면 어느 정도 습관이 된 느낌이 온다. 그때는 어떤 선물이나 칭찬이 없어도 스스로 뿌듯한 마음에 만족과 행복을 느끼게 되고 계속 앞으로 나아갈 수 있다. 존 드라이든의 이 명언을 기억하자.

"처음에는 우리가 습관을 만들지만 그다음에는 습관이 우리를 만든다."

습관을 통해 원하는 자신의 모습을 멋지게 만들어 나가시길 응원드린다.

하루를 변화시키는 작은 습관

서성미

자기계발 강사와 코치로 제2의 인생을 펼치고 있는 터라 제목에 '습관'이 들어간 책은 제법 봤습니다. 결혼과 임신, 육아를 통해 시간, 열정, 체력이 고갈되자 어떻게든 지금과는 다르게 살고 싶다는 갈망에 자기계발 세계에 입문했습니다. 몸이 힘든 줄도 모르고 폭풍 성장하는 재미에 푹 빠졌습니다.

독서모임 멤버들과 성공습관, 행복습관, 스몰스텝 등 이름은 달라도 새로운 습관을 장착하기 위한 훈련을 함께했습니다. 습관 장착이 눈으로 확인될 수 있게 습관 체크 표를 만들어 O, X 표시하며 한 달 단위로 피드백하기도 했습니다. 일 년 넘게 성공습관 10가지를 선정하여 도전적으로 진행했습니다. 긍정선언문낭독, 목표 쓰기, 블로그 1일 1 포스팅, 영어낭독, 하루 15분 바인더 정리, 가계부 작성, 성경 말씀 3장 읽기, 하루 5,000보 걷기, 하루 한 명 감동시키기, 감사일기가 제가 선정한 습관목록이었습니다. 한 달 누적 80% 이상, 3개월간 지속 한 습관은 리스트에서 빼고 새로운 습관으로 변경하여 도전했습니다.

지금 생각해보니 10개는 과했습니다. 처음에는 신체, 마음, 지식을 위한 작은 습관 1개씩 선정해서 시작해도 좋다고 생각합니다. 강의를 듣거나 책을 읽고 적용하고 싶은 것 하나만 정해서 시작해도 좋습니다. 습관들이기의 본질은 좋은 습관의 선순환 사이클에 탑승하는 것입니다.

작은 습관에서 시작한 작은 성공 경험이 자존감을 올려줍니다. 자신에 대한 믿음과 함께 소망이 생기고 더 큰 도전을 할 수 있게 됩니다. 이렇게 반복하다 보면 더 큰 성취 경험을 토대로 내가 원하는 나의 모습에 도달할 수 있다고 생각합니다.

한정된 시간에 쫓기고 원하는 목표가 원대할 때 조급한 마음에 중도 포기하는 쪽이 덜 고통스러울 것 같아 낙담할 때도 있었습니다. 《습관홈트》와 《아주 작은 습관의 힘》 책을 읽으며 다시 할 수 있다는 자신감과 함께 용기도 얻게 됩니다. 왜냐하면, 정말 아주 작은 습관에서 시작하기 때문입니다. 지금 할 수 있는 것만 하면 됩니다. 뇌과학 이론에 맞춰 가장 합리적인 방법론으로 설명해 주고 있습니다. 또 나보다 더 열악한 환경에서 도전한 사람들의 성공사례도 큰 위로와 용기를 줍니다.

연결성이라는 강점을 더 강점답게 훈련했던 습관이 하루 한 명 감동시키기였습니다. 돌이켜 생각해 보면 제가 경험한 상상 초월 기회들은 연결된 사람으로부터 다가왔습니다. 연결성 강점이 오지랖이라는 약점인 줄 알고 살았을 때와 비교해 보면 생각의 관점만 바꿨을 뿐인데 인생은 다른 차원으로 열렸습니다.

　고등학생 때 친한 친구로부터 받은 제 성격에 대한 이야기가 아직도 기억날 만큼 생생합니다. "너는 애는 참 착한데, 눈치가 없다"였습니다. 본인은 이런 이야기를 했는지도 모릅니다. 초등학생 때부터 줄반장, 학급 반장, 중학생 때 전교 부회장, 고등학생 때 학생회장을 할 만큼 교우관계에서 인기도 있고 성격도 무난하다고 생각했기에 당시 저에겐 꽤 충격적인 말이었습니다.

　친한 친구의 피드백 한마디가 제 의사결정과 사고에 큰 영향을 줬습니다. 그 후로 지금 하는 내 행동이 눈치가 없는 행동인가? 자기검열을 하게 되었습니다. 자기검열로부터 자유롭게 되기까지 꽤 오랜 시간이 걸렸습니다. 엄청난 역지사지의 훈련이 필요했습니다. 하루 한 명 감동시키기를 통해 물질적인 선물이나 인사치레 말이 아닌 그 사람을 향한 존중과 배려, 지지가 얼마나 큰 힘이 되는 것인지 알게 되었습니다.

　특별한 기념일 머리에 꽃 화환 리본을 달고 인간화환이 되어 축하를 한 일, 강의장에 세울 스탠드 배너 혹은 현수막 선물로 강사님을 감동시킨 일, 책출간 기념으로 책표지 디자인으로 만든 케이크를 선물한 일 등은 하루 한 명 감동시키기 훈련을 통해 얻게 된 센스였습니다. 약점을 강점으로 바꿔 볼 수 있는 관점전환과 하루 습관이 삶을 더 풍성하고 행복하게 만들어 줬습니다.

　위대한 업적도 그 시작은 마음먹기에서 출발합니다. 원하는 목표와 인생이 있다면 일단 이뤄야겠다는 결단으로 시작하면 좋겠습니다. 생각을 전환하면 말과 행동을 바꿀 수 있습니다. 마음먹기가 잘 안다면 말과 행동부터 바꿔서 마음을 따라오게 해보는 건 어떨까요? 나의 하루를 바꿀 수 있는 가장 손쉬운 방법, 행동으로 옮긴 뒤 마음먹기!

chapter
5

최고들의
일머리 법칙

나는 즐겁고, 남은 행복하게

이재은

"좋아하는 일만 하면서 자유롭게 살 거야!"

'자아실현' 하며 살겠다고 외치고 다녔다. 김무귀 작가의 《최고들의 일머리 법칙》을 보고 깜짝 놀랐다. 저자도 나와 같은 생각을 하고 있었다. 책에서 나와 같은 생각을 만나면, 용기 한 스푼을 얻는다.

"김무귀 작가님! 내 말이 그 말이에요!"

신나서, 책에 있는 내용을 노트에 옮겨 적어 보았다.

〈하고 싶은 일 × 잘하는 일 × 사회가 필요로 하는 일〉

와, 이 얼마나 아름다운 조합이란 말인가! 내가 하고 싶은 일을 한다. 내가 잘하는 일을 한다. 그게 사회가 필요로 하는 일이다. 삼 박자가 딱 이루어진 이 느낌! 내가 원하는 바다!

삼 박자가 딱 맞는 일! 나에겐 가르치는 일이었다. 스무 살 때부터 과외 아르바이트를 했다. 그때 알았다. 가르치는 일을 잘한다는 것을. 학교 선생님이 되고 싶었다. 국제경영학에서 교육학으로 전공을 바꿨다. 교생 갔을 때 재밌었다. 남자 중학교로 가서 아이들의 많은 사랑을 받기도 했다. 수업도 곧잘 했다. 연구 수업 때 뒤에 교장 선생님을 비롯해 학과 선생님들이 다 오셔서 긴장해서 심장이 터져 버리는 줄 알았지만, 잘 끝마쳤다. 졸업 후 중학교 교사로 1년 근무했다. 한 달 교생실습과는 달랐다. 생활지도를 하는 일이 내겐 힘들었다. 화내고 싶지 않은데 화를 내야 하는 상황들이 많았다. 가르치기만 하고 싶은데, 그 외에 할 일이 너무 많았다.

학교 교사를 과감히 포기했다. 가르치는 일은 계속하고 싶었다. 과외 지도를 하면서 학생들 공부를 도와주기로 했다. 일대일로 하니 천천히 쉽게 가르쳐 줄 수 있어서 좋았다. 아이들이 이해하면서 '아~' 할 땐 기분이 짜릿하기까지 하다. 성적이 오르면 아이들은 신나 한다. 시험을 잘 보면 가장 기쁜 건 누가 뭐래도 아이들이니까. 가르치는 것도 행복하지만, 성적이 올라 기뻐하는 아이들의 모습을 보는 것도 큰 기쁨이다. 미래를 이끌어나갈 아이들을 가르칠 수 있다는 건 멋진 일이다.

잘하지 못해도, '하고 싶은 일'이라면 하고 싶다. 못한다고 놓치고 싶지 않다. 중학교 때부터 백댄서가 되고 싶었다. 아이를 낳고, 춤을 쉰 지 꽤 오래됐다. 뮤지컬도 멈춘 지 오래다. 계속 춤추고, 뮤지컬을 하고 싶다. 뮤지컬 배우를 못한다면, 뮤지컬 칼럼니스트가 되어 뮤지컬 사랑을 전하고 싶다. 춤추고 공연했던 나의 경험들이 분명히 누군가에게 도움이 될 거라 믿는다.

'하고 싶고 좋아하는 일'을 모른다고 하는 사람이 많다. 생각보다 쉽다. 내가 돈 시간 에너지를 들이고 있는 것을 잘 생각해 보면 된다. 유튜브나 네이버에 내가 검색하고 있는 것들이 뭔지 생각해봐도 좋다. 문득 예전에 해보고 싶었던 일들이 생각난다면, 종이 위에 적어보아도 좋다.

나만의 노트나 수첩에 끄적거리는 것을 좋아한다. 그때그때마다 드는 생각, 하고 싶었지만 잊고 있던 것들 다 적는다. 좋아하는 일들, 나만의 행복한 일들에 대해서도 적는다.

- 맛집 투어는 내 사랑이다. 먹을 때 어쩜 이렇게 행복할 수 있을까.
- 춤 관련 프로그램들이 좋다. 가슴이 터질 것 같다. 요즘은 스트릿 우먼 파이터에 완전 미쳐 있다. 아이키, 훅, 다른 댄스팀들 진정 멋있다. 영상도 하루에 10번 이상은 돌려보는 것 같다. 보고 또 봐도 질리지 않는다.
- 〈썸바디〉 엠넷에서 방송했다. 남녀 댄서들이 나온다. 커플 댄스가 좋다. 다양한 춤 장르가 나오기도 해서 좋아했다. 나도 모르게 감탄사가 계속 나온다. 춤을 좋아하는 이유가 있다. 사람의 몸으로 아름다움을 표현할 수 있다는 게 좋다. 놀랍다. 어떻게 춤을 좋아하지 않을 수가 있나.
- 경연 프로그램을 진정 좋아한다. 프로듀스101(아이오아이, 워너비, 아이즈원, 다 봤다), 식스틴('트와이스'가 만들어진 서바이벌) 니쥬 프로젝트(JYP 일본 멤버 선발). 침 흘리면서 넋 놓고 보는 프로그램들이다.

삶을 읽다. 마음을 나누다

- 뮤지컬 영상들, 노래 영상들, 뮤지컬 배우들 관련 영상을 보는 건 내 삶의 일부다. 아무 때고 귀에 꽂고 따라 부르면 기분이 즉각적으로 좋아진다.
- 글쓰기에 빠져 있다. 글을 쓰다 보면, 스스로 폼 나는 느낌이다. 쓰면서 내 생각이나 감정도 정리가 되어 좋다.
- 한복 모델에 관심이 많다. 한복이 정말 너무 좋은데 어떻게 한복을 입을 수 있는 게 없을까. 매일 생각한다.
- 영어 원서 읽기를 조금씩 해나가고 있다.
- 그림을 그려보고 싶다. 그림을 보다 보면 마음이 편안해진다. 디지털 드로잉을 배워봤는데, 그림을 그릴 때 뭔가 스스로 예술가 같다는 생각이 든다. 기분이 좋다.

좋아하는 것들, 하고 싶은 일들 적어보면 이렇게나 많다. 하나하나 천천히 해 볼 거다.

"나는 즐겁고, 남은 행복하게."

한때 봤던 드라마 '꽃보다 남자' 대사이기도 하다. 좋아하는 것들을 많이 하면서 살 거다. 즐겁게 살다 보면, 내 유쾌한 에너지가 전해질 거다. 그것만으로도 세상에 행복을 전하는 거라 생각한다.

내 삶을 살고, 기쁨을 전하는 것. 세상에 조금 더 행복한 에너지를 전하고 싶다. 내 멋대로 신나고 폼나게 고고!

기록하는 당신은 반드시 성공한다

윤태진

담임 목회를 하게 되면 참 할 일이 많다. 성격이 털털하면 그러려니 할 텐데 내 성격은 그렇지도 못하다. 머리로 구상은 많이 하는데 이게 정리가 안 되면 우울해진다. 그러다 보니 놓치는 일도 많았다. 정말 중요한 것을 놓치게 되는 실수를 빈번히 하곤 했다. 아직 부교역자 없는 교회이다 보니 담임목사의 업무 비중은 이루 말할 수 없이 많다. 하나부터 열까지 모두 내가 생각해야 하고 정리해야 하는 일이다. 뭔가 특별한 것이 필요했다. 많은 일을 효율적으로 처리할 수 있는 것이 뭐가 없을까 고민했다.

그러던 중 선배 목사님을 통해 3p 바인더를 소개받게 되었다. 정식 강의는 나중에 듣게 되었지만, 미리 접한 바인더는 내 맘에 꼭 들었다. 단순히 하루의 일과를 기록하는 정도가 아니었다. 업무, 개인, 자기계발, 습관 체크 리스트 등을 한 번에 관리할 수 있는 자기관리 도구였다.

그동안 이런 것 없이 어떻게 살아왔을까? 아무리 메모를 하고, 계확한다고 해도 이렇게 계획적이고, 알차게 할 수 있을까 하는 생각을 하게 되었다. 재정의 가계부보다 더 중요한 시간의 가계부를 쓰게 된 것이다. 매일 누구에게나 동일하게 주어지는 24시간을 어떻게 사용할 것인가를 계획하게 되었다. 그렇게 꾸준히 바인더를 작성한 지 어느덧 일 년이 되어간다. 처음에 몇 달 작성한 것 보면 엉성하다. 마음 내키는 대로 기록했다. 매일 기록하지 못했다. 그 중요성을 잘 알지 못했었기 때문이다.

그래서 때론 강제성이 필요할 때가 있다. 바인더를 함께 쓸 수 있는 챌린지의 기회가 주어졌다. 올해는 유난히 챌린지를 많이 한다. 그 중에 하나가 바인더 기록 도전이었다. 바인더를 작성하면 매일 단톡방에 인증했다. 나는 이런 것을 참 좋아한다. 모니터링 효과, 청중 효과의 덕을 크게 보았다. 그렇게 해서 일 년을 지속해서 바인더를 기록하게 되었다.

바인더를 쓰면서 몇 가지 변화를 감지할 수 있었다. 업무를 놓치는 일이 현격하게 줄어들었다. 그날 그날의 할 일을 기록하고, 점검하는 바인더의 형식 때문이다. 루틴을 하나씩 늘려가게 되었다. 주로 자기계발에 관한 것이다. 독서, 운동, 감사일기, 블로그 작성, 성경 읽기, 가족 감사 등등 매일 일정하게 할 수 있게 되었다. 또한 한 달에 한 번 있는 바인더 피드백 모임을 통해 한 달을 살피고 다음 달을 계획할 수 있는 귀중한 시간을 갖게 되었다. 우선으로 해야 하는 일을 골라낼 수 있게 되었다. 일머리를 찾게 해 주는 셈이다. 바인더는 항상 나와 밀착해 있다. 수시로 보면서 혹시 빠뜨리고 있는 것이 없는지 점검한다.

바인더는 나의 비서이다. 셀프 비서이다. 나를 모니터링 해 주는 비서이다. 어쩌다 남들이 내 바인더를 보게 되면 고개를 절레절레 흔든다. 숨 막히지 않으시냐고……. 바인더를 모르면 그렇게 말할 수 있다. 어쩌면 당연하다. 이만한 비서가 어디 있을까? 시간이 없어서 못했다고 한다면 이렇게 말해 주고 싶다. 기록하면 시간이 남고, 기록하지 않으면 늘 바쁜 삶을 살 수밖에 없는 것이라고……, 꿈이 생겼다. 3p바인더를 체계적으로 공부해서 목회자를 대상으로 교육을 하며 돕고 싶다. 목회자를 위한 메신저가 되는 것이다. 목회자에게 시간관리는 매우 중요하다. 과중한 업무 때문이다. 설교관리, 독서습관, 교인 심방, 각종예배, 세미나, 자기계발, 성경연구 등…… 이 모든 것을 효율적으로 관리할 수 있는 것으로 3p바인더를 손꼽을 수 있다.

바인더는 꼭 해야 하는 일에 집중하게 만든다. 체크리스트에 중요 순서에 따라 적고 계속 점검한다. 업무별, 개인별, 자기계발로 수시로 점검한다. 오늘 내가 혹시 빠뜨린 일이 없는가? 중요한 일을 놓치지 않았는가? 하며 계속 일의 초점을 맞추어 간다.

나에겐 3B의 습관이 생기게 되었다. 독서Book, 바인더Binder, 블로그Blog이다.

그 중 블로그는 삶을 돌아보게 하고, 앞으로의 할 일을 체계적으로 준비할 수 있는 멋진 도구이다. 지금 막내의 홈스쿨링 병행을 위해 포스팅을 하고 있다. 홈스쿨링을 준비하는 것은 아이가 가진 재능을 자율적, 주도적으로 마음껏 펼칠 수 있는 기회를 만들어 주고 싶어서이다. 가난한 전도사 시절 첫째, 둘째 아들을 제대로 교육하지 못했다.

삶을 읽다. 마음을 나누다

그런데도 잘 자라준 것이 감사하기도 하다. 또한 다시 한 번 막내에게 좋은 환경이 열리게 된 것이 감사하다. 홈스쿨링에 관심을 두게 된 것도 감사하기만 하다. 홈스쿨링에 관심을 두고 아이가 학교 가는 것을 당장 그만두지는 않았다. 준비가 필요했다. 여러 권의 책을 읽고 블로그에 포스팅하고 있다. 또한 홈스쿨링을 하는 분들을 만나서 인터뷰도 해서 블로그에 올려놓고 있다.

블로그 포스팅하는 것을 몰랐다면 이러한 성장을 기대하기가 힘들었을 것이다. 블로그는 다양한 것의 일머리를 알게 하였다. 출간 준비는 어떻게 하는 것이며, 자녀교육은 무엇을 먼저 준비해야 하는지, 블로그 이웃들의 관심사는 어떤 것이 있는지…… 공통의 관심사를 가진 분들을 통해 견문이 넓어지게 되었다.

글을 잘 정리하기 위해서 블로그 포스팅을 시작했다. 우선은 내 자신을 위한 일이었다. 예를 들어 도서서평을 위해서 책을 읽었다. 가장 중요한 부분에 밑줄을 치고, 메모를 하고, 본깨적을 했다. 본깨적이란 책을 본 것과, 깨달은 것, 적용하는 것을 뜻한다. 독서를 하며 아주 핵심적인 것만 뽑아내고자 했다. 글을 쓸 때 내 글을 읽을 사람을 먼저 생각한다. 어떻게 하면 가장 쉽게 이해할 수 있도록 글을 쓸까를 많이 생각한다.

효과적인 업무처리를 원한다면 종이에 기록하는 일을 우선으로 여겨야 한다. 기록하면 보인다. 내가 어떻게 살 것인지, 무엇을 준비해야 하는지, 지금 가장 중요한 것이 무엇인지 볼 수 있다. 우선순위가 바로 잡히는 것이다. 3p바인더는 나를 그렇게 만들어 가고 있다.

책에서 찾은 일머리 교훈

석윤희

지난 8년간, 저의 일하는 방식이나 생활 습관에 대해 특별히 고민해 본 적이 없었습니다. 직업이 프리랜서 강사다보니 강의가 있을 때는 준비하느라 바쁘지만, 없을 때는 한가합니다. 상황에 따라 일의 양을 조절할 수 있는 것이 제 일의 장점입니다. 간혹 일이 몰려 새벽까지 일하거나 밤을 새는 일도 있었지만, 그리 문제되지 않았습니다. 늦잠을 자면 되니까요.

2020년 상반기, 코로나 팬데믹으로 강의가 모두 연기되었습니다. 그러나 곧 일상으로 돌아갈 수 있을 것이라 생각했기 때문에 일이 없었던 이 시기가 불안하지 않았습니다. 수면시간은 길어졌고, 그동안 시간에 쫓겨 못 읽었던 책들을 읽었습니다. 그동안 듣지 못했던 강의들을 신청해 듣는 등 오히려 재교육과 재충전의 시간으로 보냈습니다.

그러나 코로나 팬데믹 상황은 하반기에도 계속되었고, 결국 대부분의 강의들이 비대면으로 진행되었습니다. 지금은 줌이나 구글 미트를 불편 없이 다루지만, 처음 줌이나 구글 미트를 다룰 때는 어려웠습니다. 가장 힘들었던 것은 수강자 분들과 소통이 어렵다는 것이었습니다. 개인 사정으로 화면을 끄고 강의를 들으시는 분들도 계셨고, 화면을 켜주셨다고 해도 강의에 대한 수강자의 반응을 확인할 수가 없었습니다. 다행히 이 모든 것들은 비대면 강의가 반복되고 익숙해지면서 안정되어 갔습니다.

하지만 이와는 반대로 강사로서의 제 스스로에 대한 만족감은 점점 떨어져 갔습니다. 강의가 끝나고 나면 늘 뭔가 아쉬움이 남았고, 준비한 것만큼 강의하지 못했다는 생각이 저를 괴롭혔습니다. 다른 사람은 모르는 저만의 어떤 비밀들이 자꾸 생기는 느낌이었습니다. 우울감도 커지기 시작했습니다. 새벽까지 일하거나 밤을 새는 일이 잦아졌지만 시간을 들인 만큼 결과가 만족스럽지 않았고, 수면 부족으로 인한 스트레스는 저를 더욱 힘들게 했습니다. 이 상황을 벗어나기 위한 돌파구가 필요했습니다.

이 상황을 벗어나고 싶어 다양한 책을 추천 받아 읽기 시작했는데 이때 읽은 책 중 하나가 김무귀 작가의 《최고들의 일머리 법칙》이었습니다.

작가는 책의 '시작하며' 부분에서 자아실현이 가능한 분야를 선택하여 '일류(퍼스트 클래스)다운 일을 하려면 어떻게 해야 할까'라는 질문을 던집니다. 이 책을 읽고 제가 일을 하는데 있어 우선적으로 개선해야 할 세 가지 부분에 대한 해답을 얻을 수 있었습니다.

첫째, '실행력'입니다. 작가는 공부만 하고 실천하지 않는 사람을 '자기계발 바보'라고 말합니다. 이들의 공통점은 자극받는 것은 좋아하지만 생각을 행동으로 옮기지 않는 것인데, 두렵더라도 리스크를 안고 첫문을 박차고 실행에 옮기라고 작가는 조언합니다. 특히 언제까지나 '스킬 향상'과 '결전의 그날에 대비한 준비'라는 명분하에 자기계발에만 힘쓰고 있어서는 안 된다고 말하는 부분을 읽으며 제 자신을 냉정히 돌아보았습니다. 알고 있는 것을 바로 실행하지 않고 준비되면 시작하겠다고 생각했던, 바로 저의 모습이었습니다. 특히 지난 1년간 새롭게 알게 된 자기경영 분야에 대한 막연한 두려움이 있었습니다. 아직 더 배워야 한다는 생각, 더 경험을 쌓아서 기존에 제가 하고 있던 일에 새롭게 공부한 분야를 접목해 봐야겠다는 생각이 제 발목을 잡고 있었습니다. 이 글을 쓰며 깨달았습니다. 전 이미 지난 9년간의 도전과 성장을 통해 자기경영을 실천하고 있었던 것입니다. 이제는 제가 머릿속으로 구상하고 있던 아이디어를 실행할 때입니다.

둘째, '우선순위'입니다. 작가는 계속 쌓이는 '해야 할 일' 중에서 무엇을 어떻게 우선순위로 매길지, 그 우선순위를 어떻게 설명할지는 더없이 중요하다고 말하고 있습니다. 여기서 핵심은 시간 배분인데, 그동안 제가 일해 온 과정을 떠올려보면 저는 해야 할 일 보다는 좋아하는 일을 우선적으로 해왔음을 깨달았습니다. 강의 준비에 있어도 제가 좋아하는 분야의 강의에 많은 시간을 들였습니다. 그러다보니 후순위에 있는 강의들은 늘 쫓기듯 준비할 수밖에 없었습니다. 이렇게 준비한 강의들은 만족스럽지 않았습니다. 일에 있어 우선순위 업무 정리가 필요했습니다. 이런 고민을 하고 있을 때 알게 된 것이 3P 바인더였습니다. 바인더를 통해 시간 관리를 시작하면서 우선순위를 파악할 수 있었습니다. 그리고 마감일을 기준으로 역산하여 해야 할 일에 대한 스케줄을 관리하는 역산 스케줄 관리도 함께 되면서 일의 효율성을 높일 수 있었습니다.

셋째, '정리 상태'입니다. 작가는 당신의 책상 위는 깨끗한지, 가방 안은 깔끔하게 정리되어 있는지, 컴퓨터 바탕화면이 파일로 가득하지 않는지 묻고 있습니다. 이 부분을 읽고 바로 고개를 들어 주변을 둘러보았을 때의 그 순간이 아직도 생생합니다. 읽은 후 습관적으로 쌓아놓은 책들과 바인더들, 필요해서 프린트 해놓았지만 바인딩 해놓지 않은 A4용지들, 아무렇게나 널브러져 있는 형광펜과 볼펜들……. 누군가 제 책상을 보고 있는 것 같은 느낌에 얼굴이 화끈 거렸습니다. 이런 저의 사소한 행동들이 제 업무의 업무능력과 생산성을 떨어뜨리고 있었습니다. 이렇게 정리 상태의 중요성을 인지하게 되면서 그동안 미뤄 두었던 컴퓨터 파일정리를 마무리할 수 있었습니다. 매번 책상 정리하기 쉽지 않지만 제 업무의 개선을 위해 꾸준히 노력하고 있습니다.

코로나 팬데믹은 제 일이 줄어드는 이유도 되었지만 한편으로는 제 일상과 업무를 점검하고 돌아봄으로써 개선할 수 있는 기회를 주었습니다. 이 경험을 바탕으로 깨달은 것이 있습니다. 어떤 경험이든 제 자신을 성장시키는데 도움을 준다는 것입니다. 좋은 경험은 확신을, 나쁜 경험은 개선을 선물로 줍니다. 여러분이 받은 확신과 개선의 선물은 무엇인가요? 이 선물을 통해 보다 나은 삶으로 나아가는 해답을 찾으시길 바랍니다.

내가 있는 곳에서 나다움을 실현하는 일

이은아

사람들이 자신에게 맡겨진 일을 감당하며 성취감과 보람을 느끼듯 나 또한 그렇다. 물론 일을 하다 보면 일이 지겹고 힘들 때가 있지만 그런데도 일을 함으로써 얻는 성취감과 보람이 있기에 열심히 일하려고 애쓰고 있다. 더군다나 내가 감당하고 있는 일이 아이들을 가르치는 일이기에 내가 속한 곳에서 충분한 역량을 발휘한다면 내가 가르치는 아이들 또한 잠재력을 발견하고 성장할 수 있을 것이라는 믿음으로 내가 맡은 분야에서 최선을 다하고자 하는 마음을 늘 갖고 있었다. 그 와중에 내 마음에 쏙 드는 책을 읽게 되었는데 바로《최고들의 일머리 법칙》이라는 책이었다.

교사로서 나의 역량을 키우고 싶은 바람이 컸던 탓인지 이 책은 닥치는 대로 읽어 내려갔던 것 같다. 또한 나는 워킹맘으로서 직장에서 나만의 브랜드 가치를 높이고 싶었는데, 혹시 이 책에서 구체적인 방법을 제시해 주지는 않을까 하는 기대감에 더 열심히 읽었다. 기대 이상으로 이 책에서는 구체적인 방법뿐 아니라 최고가 되기 위해 어떤 마음을 가져야 할 것인지 까지도 제시해 주고 있었다.

내가 책을 읽으면서 감동받은 두 개의 문장은 다음과 같다.

첫 번째, "청춘은 영원하다. 자아실현을 할 수 있는 사람이란, 자신이나 타인이 억누르는 껍질을 깨부수고 몇 살이 되어서도 청춘으로 살아갈 수 있는 사람이다."라는 문장이다. 이 문장을 읽었을 때 '나이는 숫자에 불과하다.'라는 예전 어느 광고의 문구가 생각이 나면서 40 대밖에 되지 않았음에도 나이가 들어가고 있다는 생각으로 마음이 약해졌던 나를 반성했다.

어떤 일인가를 추진하려고 하는데, 나이가 조금 들었다는 핑계로 어떤 일은 이래서 안 되고, 또 다른 일은 저래서 안 된다는 생각으로 일을 대하고 있는 나 자신을 돌아보게 되었다. 이러한 핑곗거리가 나도 모르게 형성된 나의 껍질이라는 것을 깨닫고 핑곗거리를 찾기보다는 일을 할 수 있도록 이끄는 요인들을 찾아봐야겠다고 다짐하였다.

두 번째, "자기 긍정감을 높이는 삶의 방식에 대한 자신의 가치관으로 자신의 인생을 살아갈 때 비로소 자신을 좋아할 수 있게 된다."라는 문장이다. 이에 덧붙여 "이 메시지를 한국 독자들에게 던지고 싶다."는 저자의 말이 인상적이었다. 왜냐하면 나도 모르게 남과 비교하는 습관, 나의 가치관을 키우기보다 다른 사람이 나를 어떻게 생각할지에 대해 신경을 곤두세우는 모습은 어쩌면 나도 모르게 배인 한국

문화의 결과물일 수도 있다는 것을 깨달았기 때문이다. 나 자신의 성장에 더욱 관심을 가져야겠다고 다짐을 하는 한편 내가 가르치는 학생들이 성적으로 남과 비교하지 않고 본인들의 꿈과 끼에 관심을 두며 본인들의 성장에 관심을 두는 학생들로 자라날 수 있도록 돕는 교사가 되겠다고 결심했다.

다음으로 나다움을 실현하기 위해서 나의 삶의 현장에서 실천할 수 있는 부분은 무엇인지 책 속의 내용을 더욱 꼼꼼히 살펴보며 나의 마음을 움직이는 문장들을 찾아보았다.

첫 번째, 실행력 및 주체성과 관련하여 마음에 다가온 문장은 "앞으로 싸우고자 하는 분야에서 '먼저 행동'하지 않으면 업계의 리더로서 인정과 신뢰를 얻기 어렵다. 남보다 앞서 움직이는 행동력 있는 사람이 결국 뭔가를 이루어낸다."이었다. 그동안 일터에서 내 모습은 능동적이기보다는 수동적이었음을 깨달았다. 이런 수동적인 모습을 벗어나고자 하나씩 주도적으로 행동하였더니 사고가 변하기 시작했고, 일을 해나감에 있어서도 조금씩 자신감이 붙었다. 예를 들어 예상하지 못한 업무를 맡았을 때 이전에는 '이 업무를 과연 내가 할 수 있을까?'라는 다소 회의적인 사고를 했지만, 책을 읽고 난 후 한번 해보자 하는 마음으로 부딪혀 봤고, 그 결과 '나도 이 업무를 할 수 있구나!'라는 생각의 전환이 일어난 것이다.

또한, "자신의 강점을 살려 공부가 될 만한 재미있는 일을 주체적으로 만들어나가야 한다."라는 문장을 통해 앞으로 일을 할 때 학교 현장에서 내 강점이 무엇인지 잘 살펴서 내가 직장에서 기여할 수 있는 일들을 찾아보고 적극적으로 추진해 봐야겠다고 생각했다. 개인적으로는 학교 수업 현장에서 학생들의 삶과 연결되는 수업을 해보고 싶다는 소망이 있는데, 앞으로 지속해서 수업에 대한 아이디어를 얻어 새로운 수업 방법을 시도해 봐야겠다는 다짐을 하였다.

두 번째, "한정된 시간을 어떻게 사용할지, 어떻게 우선순위를 설정하고 시간 배분은 어떻게 할지에 따라 일의 차이가 결정된다."라는 문장이었다. 그동안 업무를 처리하는 데 있어서 업무의 우선순위를 제대로 정하지 않고, 주먹구구식으로 일한 것에 대해 반성했다. 해야 할 우선순위 리스트를 정해놓고, 시간을 배분하여 효율적으로 처리하려고 노력하다 보니 일의 능률이 오르기 시작하였고, 일의 성과가 점점 더 좋아졌다. 또한, 업무 마감 시간도 넘기지 않으려고 노력하다 보니 평상시 시간 배분에서 남아 있는 시간을 효율적으로 사용하는 방법 또한 배우게 되었다. 그 결과 업무의 생산성이 조금씩 늘어나고 있음을 경험했고, 내가 성장하고 있다는 느낌이 들어서 매우 뿌듯했다.

세 번째, "주위 사람들을 끌어당겨 성공하는 데 있어 가장 중요한 기본은 '신뢰와 사람을 중시하고 상대의 이익을 존중'하는 것이다."라는 문장이었다. 내가 직장에서 나 자신의 이익만을 생각하지는 않았는지, 동료의 이익도 같이 생각하고 있는지 돌아보며 '같이 일하는 동료들에게 내가 같이 일하고 싶은 사람일까?'를 자문해 본 후 '앞으로 직장에서 나와 동료가 함께 성장하는 방안을 모색해봐야지.'라고 생각했다.

이 외에도 이 책에서 나에게 다가온 문장들은 수없이 많다.

"업무 능력이 뛰어난 사람은 메일이든 프레젠테이션이든 아주 짧고 간결하게 전체적인 그림과 구조가 확실한 자료가 되도록 철저히 힘쓴다."

"참석자의 아이디어를 연결하고 모두의 지식과 견문을 끌어내어 각각의 의견을 하나로 집약하는 것이 지적인 리더쉽의 기본이다." 등등.

이 책을 읽고 감동 받았던 문장들을 실천했을 때 그 결과물들이 좋았기에 위의 문장들도 회의 시간이나 연수할 때에 적용해 보고 싶은 마음에 벌써 기대가 된다.

나는 책을 읽고 실천함으로써 직장에서 생각했던 것 이상의 성장을 이루었다. 나와 같은 성장을 이루고 싶은 독자가 있다면 이렇게 묻고 싶다.

"여러분에게 '나다움'을 실현하고 싶은 곳은 어디입니까? 그곳에서 '나다움'을 실현하기 위해 책의 감동 속으로 같이 들어가 보시지 않겠습니까?"

나는 '나'라는 기업의 CEO

윤희진

"당신은 몇 살인가요?"라는 물음에 나는 주저하지 않고 현재 나이를 이야기하곤 했다. 그런데 이런 나의 대답에 오류가 있다는 사실을 알게 해 준 사람이 있다. 바로 김형환 교수님이시다. 코로나 19 바이러스가 이 땅에 도착하기 전, 2019년 9월부터 5주간 김형환 교수님의 1인 기업 & CEO 실전경영전략스쿨 78기 과정을 들었다. 5주간의 과정들이 다 의미가 있었지만, 그 중에서도 첫 주 과정이 기억에 남는다. 나의 사명은 무엇인지, 내 존재가치는 무엇인지를 깨닫는 시간이었기 때문이다.

교수님이 수강생들에게 한 일화를 들려주셨다. 어떤 젊은 친구에게 교수님이 질문하셨다고 한다.

"몇 살인가?"

"21살입니다."

"그럼 이렇게 물어보지. 자네가 자네 스스로 삶을 주체적으로 살아간 햇수는 몇 년인가?"

청년은 골똘히 생각하다 이렇게 말했다고 한다.

"저는 누가 시키는 일이 아니면 하지 않았습니다. 학교 공부도 해야 되기 때문에 한 것이고, 지금 다니는 대학도 제가 결정해서 한 게 아니라 점수에 맞춰서 한 겁니다."

"그렇다면 자네는 아직 1살도 되지 못한 거라네."

순간 머리를 망치로 얻어맞은 기분이었다. 한 번도 내 인생을 주체적으로 사는 것에 대해 생각해 본 적이 없었기 때문이다. 아이들을 지도하면서는 '자기 주도 학습'이 중요하다고 이야기했던 관리교사였다. 그러나 정작 내 삶은 내가 주도하는 삶이 아니라, 그저 살아지는 대로 살아왔다. 아침에 눈을 뜨면 감사하기보다 또 지겨운 하루가 시작되어 싫었다. 반복되는 업무에 스트레스도 많이 받았다. 실적이 중요시 되는 학습지 회사여서 영업을 강조할 때마다 귀를 닫게 되었다. 그러니 마음문도 닫혔다. 그저 밥벌이를 위한 일이 되고 말았다. 회사에서 만든 교재로 회사에서 요구하는 시스템으로 아이들을 가르쳐야 하는 학습지. 창조적인 일을 좋아하는 성격의 나와는 맞지 않는 일이었다.

1인 기업 과정 중에는 이미 성공한 선배들을 인터뷰하는 과제가 있었다. 많은 사람들을 만나고 싶어서 8명과 인터뷰했다. 그들 중에는 회사에 소속된 사람들도 있었지만, 대부분 스스로 사장이 되어 1인 기업을 운영하는 분들이었다. 저마다 자기만의 스타일로 고객을 모집하고, 프로그램을 운영했다. 그에 따른 수익을 올리게 되었다. 1인 기업 강의를 듣기 전에는 이런 세계가 있는 줄도 몰랐다. 지식과 경험이 콘텐츠가 되어 다른 사람에게 도움을 주고 대가를 받는 '메신저'의 세계를 알게 되었다. 아는 만큼 보인다고 한다. 알고 나니 관련 서적이 이미 출간된 사실도 깨닫게 되었다. 1인 기업이라는 키워드가 들어간 책들을 읽었다. 그리고 성공하는 사람들에 관련된 실용 서적을 하루 한 권씩 읽고 리뷰도 썼다.

그러던 중 독서모임에서 김무귀 저자의 《IQ 최고들의 일머리 법칙》이라는 책을 읽게 되었다. 도대체 IQ 최고들은 어떻게 일하는지 궁금해서 펼쳐본 책이다. 성공하는 사람들은 기본에 충실하다. 미루는 일이 없고, 메모광들이다. 디테일의 힘을 알고, 다른 사람들과의 관계도 좋다. 자기 관리를 잘한다. 이 책 3장은 이기는 마음가짐에 관해 이야기하고 있는데 '자신의 일에 주체적으로 몰두하는 사람이 성공한다.'는 부제가 붙어 있다. 누가 시켜서 하는 일은 재미없다. 하고 싶은 일을 해야 능률도 오르고 성과도 좋다. 열심히 하는 자는 즐겨하는 사람을 이길 수 없다는 말이 있지 않는가.

일도 하고 싶고, 돈도 벌어야 했기에 시작했던 학습지 교사. 하지만 즐겨하지는 않았다. 물론 아이들을 만나 가르치는 일은 보람되고 즐거웠다. 회원에게 한 과목을 더하라고 말하는 것과 기타 잡무가 싫었다. 팀장이나 동료의 말 한마디로 쉽게 상처받기도 했다. 그러니 한 학습지 회사에 오래 다니지를 못했다. 아예 다른 일을 해볼까 해서 보험회사 교육도 받았다. 그러나 영업은 내 길이 아니었다. 방황하다가 우연히 김형환 교수님이란 분을 알게 되었고, 일대일 상담을 받았다.

생각할 겨를도 없이 1인 기업 과정을 듣게 된 것이다. 《죽어도 사장님이 되어라》는 교수님 책도 받았다. 그 책에서 능동적이고 주체적인 삶을 왜 살아야 하는지 깨닫게 되었다.

여러 학습지 회사에 다니면서 그 회사의 일원으로 살았다. 회사에서 요구하는 정책에 따라야 했다. 내가 일한 만큼 벌 수 있었지만 그 이상으로 열심히 일하지는 않았다. 물론 지국에서 1등을 해 보기도 했다. 가만히 생각해 보니 그때는 팀장이 많이 도와주기도 했지만, 성과를 내려고 애썼던 것 같다. 힘쓰고 받은 인센티브가 선물처럼 다가왔다. 지금 다니고 있는 인터넷 강의업체에서도 '우수교사'로 전국 500여 명 선생님들 중 3등을 한 적이 있다. 마감 인원이 11명이었다. 월초부터 마감 회원들을 대상으로 인터넷 강의를 잘 듣도록 동기부여 했다. 8명 이상만 연장 신청하면 우수교사가 될 수 있겠다는 생각이 들었다. '이번 달에는 나도 한번 우수교사가 되어봐야지.'라고 결심했더니, 회원 어머니들도 내가 재구매하라고 말하기 전에 연장하신다고 말씀해 주셨다. 결국 그 달 마감일에 11명 중 10명이 12개월 또는 24개월 더 연장하기로 했다. 재구매율 90.9퍼센트로 3등을 할 수 있었다. 한 번의 성공 경험이 나도 할 수 있다는 자신감을 불어 넣어주었다.

올 한 해를 시작하며, 나의 한 단어를 '집중'으로 정했다. 코칭과 책 출간을 목표로 달려왔고, 이제 두 달 정도 남았다. 60시간 정도 코칭을 진행하면서, 고객이 말할 때 집중하며, 경청했다. 책 출간에 집중했기에 첫 번째 공저, 《억대 연봉 메신저, 그 시작의 기술》도 완성할 수 있었다. 함께하는 즐거움이 컸던 공저 프로젝트, 그러나 이제 개인

책에 집중할 때이다. 꿈에도 그리던 작가의 삶에 한 걸음 더 나아갈 수 있어 기쁘다. 오후 3~9시까지 업무를 해야 되지만, 나머지 시간은 온전히 나만의 시간이다. 내가 주체적으로 결정해서 살아갈 수 있는. 그 시간에 블로그 포스팅도 하고, 독서도 한다. 코칭도 하고, 책도 쓴다.

회사에 소속이 되어 있어도, 나는 '나'라는 기업의 대표이사이다. 회사에서 정해진 규칙대로만 일하는 사람, 월급 받는 만큼만 일하는 사람이 아니라 그 이상의 일을 해야 진정한 사장 마인드를 가진 사람이다. 모든 일을 자신이 결정하고, 책임진다. 마찬가지로 주체적으로 사는 사람은 중요한 일을 자기가 결정하고 100퍼센트 책임진다. 다른 사람이 내 인생을 대신 살아줄 수 없다. '~ 때문에'라며 남 탓으로 돌리는 어리석은 행동은 이제 하지 않아야겠다. 왜? 나는 '나' 기업의 CEO이니까.

 코칭 질문

1. '나'라는 기업의 CEO로서 나는 어떤 사명을 가지고 있나요?
2. '나'의 비전은 무엇인가요?
3. 내가 세상에 영향을 끼치고 싶은 영역은 무엇이며, 어떻게 영향을 끼치고 싶나요?

책상을 보면 생산성을 알 수 있다

서성미

━━━━━

《침대부터 정리하라》 책의 저자는 2011년 테러리스트 수장 빈 라덴 제거 작전을 지휘한 전 미국인의 영웅, 해군 대장 윌리엄 H. 맥레이븐 장군입니다. 2014년 텍사스 대학 졸업식에서 들려주었던 화제의 연설에 실화를 더해 만든 책입니다.

저자가 이야기하는 교훈은 침대부터 정리하라는 것입니다. 매일 아침 반복되는 간단하고 시시한 일이라도 하나의 임무를 완수하며 하루를 시작하라는 것입니다. 그 일로부터 시작해 다른 일들이 수행되며 작은 일조차 제대로 해내지 못하는 사람이 큰일을 제대로 해낼 수 없다는 내용을 담고 있습니다.

며칠 전 차량 내부 스팀세차를 업체에 맡겨 진행했습니다. 아이들이 먹다 흘린 과자 부스러기, 음료 자국, 바닥 흙먼지까지 총괄적인 청소와 정리가 필요하다 생각되었기 때문입니다. 주유소 옆에 딸린 기계식 세차와 진공청소기만 이용했었는데 살균작업도 필요할 것 같았습니다. 차량에 있던 짐들을 빼고 차 내부를 둘러보니 가관이었습니다. 볼펜, 고무줄, 마스크, 장난감 부품들까지 빈틈 곳곳에 꼭꼭 숨어 있는 물건들이 보였습니다. 남편이 가끔 제 차를 이용하면 정리수납전문가라고 하면서 차를 이렇게 해 놓고 다닌다고 핀잔을 줬었는데 민낯이 고스란히 드러나는 기분이었습니다.

가장 나답게 사용하는 나만의 공간을 한번 들여다볼까요? 집에서 사용하는 책상, 화장대, 주방, 옷장, 회사에서 사용하는 사무실 책상, 개인 사물함 등 보이는 그 모습이 '나'라고 생각하면 어떤 기분이 드시나요? 저는 복잡한 제 머릿속과 똑같다고 생각할 때가 많았습니다. 나름 정리수납 강사로 강의도 하고 전문가를 양성한다고 하는 사람이 이래도 되나 싶을 정도로 심각했습니다. 언행 불일치의 삶을 청산하고 싶은 마음도 있고 심플하게 살고 싶은 갈망으로 하루에 하나씩이라도 불필요한 것을 비워내는 '1일 1 비움 수행' 줄여서 '비행' 프로젝트를 멤버를 모아 진행하고 있습니다.

처음에는 21일 도전으로 습관을 만들어 스스로 할 수 있게 도와드려야겠단 마음이었는데 여기선 누가 리더고 강사고 그런 것 없이 서로서로 비우는 품목 리스트를 보며 "맞아, 나도 저거 비워야 하는데" 이런 도움을 주고받고 있습니다.

덕분에 눈에 보이는 물건도 핸드폰 사진이며 디지털 정보도 계속해서 비워내고 있습니다. 아까운 마음도 들고 이런 걸 왜 샀을까 후회도 하고 나한테 가치 있는 물건인데 중고마켓에선 찬밥신세인 걸 보면서 가슴 아파하기도 합니다. 5월에 시작해서 6개월 차에 들어섰습니다. 연말까지 비움 챌린지 이어가고 연말에는 비행송년회를 하기로 했습니다. 소감도 나누고 다짐과 각오도 선포하는 행사를 진행해 보려 합니다.

책상을 보면 업무의 생산성을 알 수 있습니다. 자주 사용하지 않는 문구류 찾는 것부터 결재서류, 참고 문헌 찾는 것까지 물건들의 정위치를 잡아주고 사용한 뒤 제자리에 두는 습관만 들여놓아도 물건 찾는 데 허비하는 시간을 줄일 수 있습니다. 작년 말에 이어 올해만 사무실 책상을 2번 옮긴 터라 옮길 때마다 짐을 간소화하고 책상 위를 심플하게 세팅하려고 했습니다.

필요한 것만 리스트업해 보면 저의 경우 업무용 데스크톱 컴퓨터와 마우스, 사무용 전화기, 연필꽂이, 실험 노트만 올려두면 됩니다. 나머지는 보조 책상 서랍 칸에 문구류/자료/개인용품/간식을 나눠 보관하면 됩니다.

주방에서도 요리할 때 손질된 재료가 준비되어 있고 사용할 조리도구와 조미료를 바로바로 찾아서 요리한다면 요리하는 사람도 스트레스 받지 않고 기분 좋게 요리할 수 있을 것입니다. 모든 공간은 기능에 맞는 필요한 물건으로 채우고 사용한 뒤 꼭 제자리에 두는 습관만 들여도 다음에 사용할 '나'를 배려하고 존중해 주는 것입니다. 존중받고 배려 받는다 생각되면 기분 좋게 일을 진행할 수 있고 아주 작고 사소한 일이라도 완료했다는 뿌듯한 마음이 쌓여서 해야 할 일을 척척 해나갈 수 있다고 생각합니다.

업무능력을 향상한다는 다양한 기술과 스킬, 도구를 갖춰도 생산성이 올라갈 수 있겠지만 기본으로 돌아가서 아주 작고 시시하고 사소한 일이라도 해야 할 그 일을 완료시키고 시작해보면 어떨까요?

오늘은 출근길, 집 나서기 전에 현관 신발들 가지런히 정리하고 출근해야겠습니다.

육아에서 최고의 일머리 법칙이란

박영희

"그렇게 자기계발만 하다가 끝내서는 안 돼요."

리스크를 안고 첫 문을 박차고 실행에 옮겨야 한다고, 공부를 핑계로 실행에 옮기지 않는 '자기계발 바보'들에게 《최고들의 일머리 법칙》 저자 김무귀 작가는 말한다.

리스크를 안고 첫 문을 박차고 실행에 옮겨야 한다는 말에 공감되었다. 이웃 블로그를 통해 책 육아에 대해 처음 알았을 때가 생각났다. '책만 읽어주면 아이가 정말 똑똑해지는 걸까?' 스스로 똑똑하지 않다고 생각한 나는 내 아이는 똑똑하게 키우고 싶었다. 한편으론 정말 책만으로 그렇게 되는지 의심스러웠다. 그 뒤로 책 육아에 관련 책을 찾아 읽었다. 우선 성공 사례들이 많으니 일단 선물로 받은 책부터 매일 읽어주기 시작했다. 따지고 재는 시간에 뭐래도 시작하는 게 낫겠다 싶었다.

아직 어려 말도 제대로 못 하는 아이에게 한글책도 읽어주고, 영어책도 함께 읽어줬다. 하루에 한글책 몇 권 읽어줬는지 영어책 몇 권 읽어줬는지 책의 권수에 연연해하지 않았다. 그저 매일 한 권이라도 읽어주자는 마음이었다.

아이들이 "이거이거", "저거저거" 손가락질하며 한창 나를 부려먹을 때였다. 아직 제대로 말도 못 하는 아이가 내가 읽어주는 책의 내용을 이해할까……. 한글책은 그렇다 치고 읽어주는 영어책은 알아듣는 걸까……. 책을 읽어주면서 끊임없이 의심이 들곤 했다. 하지만 꾸준히 읽어줬다.

아이가 어떤 책을 좋아할지 모른다며 책 구매에 망설이지 않았다. 직장을 다니고 있어서 책 선택에 오랜 시간을 할애할 수도 없었다. 육아서를 볼 때마다 저자가 추천하는 책들을 형편에 맞게 중고로 구매했다. 구매한 책을 아이가 시큰둥해하면 책값이 아깝다는 생각보다 언젠가 다시 읽어줘야겠다고 생각했다.

책을 일찍 접한 아이들은 다행히도 한글도 일찍 떼고 책을 좋아하는 아이들로 자랐다. 책 육아를 알았을 때 일단 시작하길 잘했다는 생각이 들었다. 영어는 더 하다. 똥인지 된장인지 모를 때 영어에 노출된 아이들은 영어에 거부감 없이 또 하나의 언어로 자연스럽게 받아들였다. 의심은 들었지만, 그냥 읽어주길 잘했다.

실행에 있어 성공사례만 있었던 것은 아니었다. 내게도 《최고들의 일머리 법칙》 저자 김무귀 작가가 말한 '자기계발 바보'가 아닌 '육아계발 바보'인 시기도 있었다.

아이들에게 책 읽어주는 속도가 전집 구매 속도를 따라가지 못하는 날도 여럿 있었다. 육아서를 한 권씩 읽을 때마다 작가들이 추천해주는 책을 구매해 놓은 결과였다. 구매한 책은 읽어주지도 않으면서 책꽂이에 꽂아 둔 것만으로 한글도 모르는 아이들이 책을 읽고 있다고 착각했다. 책 읽어주는 행동은 하지 않으면서 책을 좋아하는 아이로 자라고 있다고 생각만 했다.

행동이 따라야 결과가 있다. 당연한 말이지만 꾸준히 같은 행동을 반복하기란 어려운 일이다. 책 육아는 말로만 하는 육아가 아니었다. 엄마가 꾸준히 행동해야만 가능한 육아였다. 육아서를 읽고 있다고 해서, 아이에게 읽어줄 추천 책 목록을 정리한다고 해서 책을 좋아하는 아이로 자라는 것이 아니다. 책을 읽어주는 행동을 엄마가 먼저 해야만 책을 좋아하는 아이로 자라는 기반을 만들어 줄 수 있다.

글을 아직 모르는 아이가 스스로 먼저 책의 재미에 빠져들기란 어렵다. 책에 대한 관심과 흥미를 느낄 수 있도록 엄마가 먼저 읽어줘야 한다. 아이가 책을 좋아하게 될 때까지 책꽂이에 꽂혀 있는 수많은 동화책은 아이가 읽은 것이 아니라 엄마가 읽은 책이었음을 깨닫게 되었다. 엄마가 읽어주지 않으면 책꽂이에 꽂힌 책은 그저 장식품일 뿐이다. 육아에서는 엄마가 먼저 행동해야 '최고의 일머리 법칙'이 성립된다.

성과를 내는 경영자로 한 걸음

박수미

사람들이 "무슨 일하세요?"라고 물으면 "가구점이요, 남편이 차린 거 좀 도와주고 있어요"라고 대답했다. 남의 일인 거처럼…….

부끄럽게도 나는 내가 하는 일의 정의를 내리기가 쉽지 않았다.

나는 김해에서 가구점을 운영하고 있다. 엄밀히 말하면 가구 제작 전문가인 남편이 만들어 놓은 가구점에 출근해서 수금하고 결제하고 손님들을 응대하는 일을 주로 한다. 판매하시는 분들이 열심히 팔도록 화장실 청소하고 커피 사다 놓고 밥도 사다 주고 청소도 하고 이런 업무를 주로 하고 있었다. 늘 바쁘게 다녔지만 몇 년을 일해도 나는 항상 그 자리였다. 1년 지나고 2년이 지나고 직원들은 점점 더 성장하고 실력이 쌓여가는데 나는 제자리를 맴돌고 있었다. 아니 오히려 더 후진했다.

나의 업무가 하찮다는 게 아니다. 얼마든지 내 역할을 탁월하게 할 수 있는데도 나의 일을 깊이 들여다보지 않았다. 성과를 낼 수 있는 일에 집중하지 않고 중요하지 않은 일에 시간을 낭비한 결과다. 몇 년이나 일했는데 "네가 하는 게 뭐 있나?" 이런 말을 들으면 자존심 상하고 속상했다.

지금 생각해 보면 철없고 부족한 나에게 업무를 맡기기가 쉽지 않았을 텐데 혼자 고생하며 공장을 꾸리고 나에게 기회를 준 남편에게 감사의 말을 전하고 싶다. 예전에는 남편이 나에게 뭐라고 하면 그저 서럽고 짜증 나고 듣기 싫은 잔소리라는 생각이 들었다. 치사하고 얄밉고 그랬다. 뭘 열심히 하고 싶어도 알아야 하지 갑갑했다.

내가 '실천하는 독서'와 '자기계발 공부'를 시작한 이유도 일 때문이다. 지속해서 책을 읽고 열심히 사는 사람들과 함께 공부하다 보니 남 탓만 하는 나 자신이 보였다. 내가 한심해 보이고 꿈만 꾸는 사람인 거 같아 의욕을 잃은 시간도 있었지만 나는 멈춤은 있어도 포기는 없는 사람이다.

상상 속의 나는 가구점에서 깔끔한 옷을 입고 고객의 결핍도 깔끔하게 해결해 주는 멋진 전문직 여성이다. 나는 멋진 내 모습을 상상만 했다. 실제의 나는 무얼 할지 몰라 헤매고 있었다. 중요하지도 않은 업무, 쉬운 업무, 성과도 없는 업무에 시간을 쓰느라 중요한 것을 놓치는 일이 많았다. 지금은 안다. 지금의 내 모습은 평생 갈 모습이 아니란 것을.

이제는 가끔 남편이 구박해도 크게 흔들리지 않는다. 구박이 아니라 나의 발전을 위한 충고로 들린다. 부부라서가 아니라 개인인 나의 발전을 위해 충고하는 걸 알기 때문이다. 그리고 지금의 나는 가구점에서의 일을 남편의 일이 아닌 내가 좋아하는 일로 만들었다. 우리 부부의 일이다. 내가 도와서 남편의 짐을 나누고 싶다.

나의 강점을 살려서 책임을 지고 성과를 낼 방법을 고민하고 알려고 노력했더니 내가 할 일이 보였다. 무엇을 할지 몰라 겉도는 게 아니라 이제는 목표가 있으니 달려갈 수 있다. 막연하게 매출 얼마가 목표가 아니다. 내가 스스로 만들고 싶은 가치를 성과로 만들어 가는 거다.

피터 F. 드러커의 성과를 향한 도전을 읽었다. 경영자의 업무는 성과를 올리는 것이고 성과를 올리는 것은 습득할 수 있다고 나와 있었다. 성과를 올리는 것을 습득할 수 있다는 말에 용기를 얻었다. 이제까지의 나는 열심히만 살았지 성과를 내는 중요한 기본이 되는 것을 간과하고 일은 다른 사람에게 맡기고 성과가 나지 않는 일에 많은 시간을 쓰고 있었다. 기본에 충실하지 않고 멋진 계획만 세우고 있었다. 기본을 충실히 하면 단기적인 성과도 얻을 수 있지만, 장기적으로도 탄탄함을 바탕으로 한 단계 더 성장할 수 있다.

나는 성과를 내는 경영자로 한 걸음 내디딘다.

1. 기본은 기본으로 해낸다.
2. 내가 맡은 일은 내가 스스로 의사결정을 내리고 책임지고 완수한다.
3. 모든 업무는 성과를 올려야 의미가 있다는 걸 안다.
4. 목표(미래)를 정해놓고 한 걸음 한 걸음 나아간다.
5. 지금 당장 내가 할 수 있는 일부터 정성을 다해서 해낸다.

6. 작은 거라도 하루도 빠짐없이 성과를 낸다.

7. 나 혼자의 성과가 아니라 조직에 기여한다.

이 7가지를 명심하고 실천할 거다.

책임지는 경영자 성과를 내는 경영자가 되겠다.

감사하면
달라지는 것들

감사한 삶은 행복한 삶이다

박영희

"정빈아, 채원아~. 3살 때부터 7살까지 어린이집에 씩씩하고, 건강하게 다녀줘서 고마워~. 엄마, 아빠가 정빈이, 채원이 덕분에 회사 잘 다닐 수 있었어. 정말 고마워~. 사랑해~."

어린이집 졸업식 날 아침 아이들을 어린이집에 데려다주며 해준 말이다. 기특했다. 말도 제대로 못했던, 기저귀 차고 다니던 3살 아기가 어엿한 어린이가 되어 졸업하다니…… . 아슬아슬한 상황도 있었지만, 아이들이 어린이집을 무탈하게 다녀줘서 일과 육아를 병행할 수 있었다.

아이들을 어린이집에 데려다주고 돌아오는 차 안, 밖은 눈이 보슬보슬 내리고 있었다. 라디오에선 눈 오는 날씨에 딱 맞는 음악이 흘러나왔다. 지금, 이 순간 행복하고 감사한 마음에 눈물이 났다. 평소 이 시간은 회사에서 근무하고 있을 시간이었다.

아이들 7살, 12월에 10년 넘게 다니던 회사를 퇴사하기로 결정했다. 회사엔 남편의 해외 지사 발령을 퇴사 이유로 밝혔지만, 궁극적인 이유는 엄마를 찾는 마지막 시기인 초등 저학년 시기를 아이들과 온전히 함께 보내고 싶었기 때문이었다. 그동안 아이들과 함께하지 못했던 시간을 채우고 싶었다. 그리고 아이들이 커서 내 품을 떠날 때 함께해주지 못한 이 시간을 그리워하며 후회하고 싶지 않았다.

회사에 다니느라 아이들에게 함께하지 못했던 것들을 하나씩 생각해 보았다. 아이들이 엄마와 함께 밤늦게까지 책을 읽고 싶다고 얘기했던 것이 생각났다. 회사에 다닐 땐 새벽에 일찍 일어나야 했기에 아이들이 원하는 만큼 밤늦게까지 같이 있어 주기란 불가능했다. 새벽시간은 내게 소중한 시간이면서도 분주한 시간이었다. 내가 유일하게 내 책을 읽을 수 있는 시간이었고, 집으로 가져온 밀린 회사 일을 할 수 있는 시간이었다. 또한, 어린이집 선생님이 써준 육아 수첩을 확인하고 부모란도 채워야 하는 시간이기도 했다. 아이들이 잠들기 직전까지 어질러 놓은 집안을 정리하는 시간도 새벽 시간이었다.

'그래, 그동안 못해줬던 것 실컷 해주자'라는 마음으로 아이들이 잠들 때까지 옆에 같이 있어 줬다. 퇴근 후 모든 집안일을 제쳐 두고 아이들과 함께 보냈지만, 항상 먼저 잠드는 나를 보며 아이들은 엄마와 함께 보내는 시간이 늘 부족하다고 생각했던 것 같았다. 밤늦게까지 아이들과 함께 있어 주기는 비록 몸은 힘들었지만 보고 싶은 책을 실컷 보고 잠든 아이의 평온한 표정을 보니 이게 행복이지 싶었다. 또한 아이가 잠에서 깰 때까지 기다려줄 수 있다는 것도 큰 행복이었다.

회사에 다니는 동안에는 아무리 여유롭게 생활하려 노력해도 시간에 쫓기듯 살았었다. 주말에 여행을 가거나, 도서관에 가더라도 다음 날 아이들을 등원시키고 출근할 생각을 하면 얼른 집에 들어가 쉬고 싶어졌다.

평일에 박물관 가기, 평일에 도서관에서 가서 늦게까지 있다 오기, 평일에 서점에 놀러 가기 등……. 회사 다닐 때는 주말에도 실컷 해보지 못했던 것들을 평일에 해보기 시작했다. 평일에 가는 박물관은 주말에 가던 박물관과 달랐다. 주말엔 사람들이 많아 충분히 체험해 보지 못하고 지나쳤던 것들을 아이들은 몇 번이고 원하는 만큼 반복해서 해볼 수 있었다. 평일 도서관과 서점은 사람들이 거의 없어 아이들과 책 보기 더없이 좋은 공간이었다. 빠글빠글한 세상에서 한적하고 조용한 세상으로 순간 이동한 것처럼 같은 공간이라도 주말과 평일 일상은 너무 달랐다. 지금까지 느껴보지 못했던 여유와 행복을 느낄 수 있었다.

아이들과 시간에 구애 없이 함께할 수 있는 지금, 이 순간이 내겐 너무 소중하고 감사하다. 감사한 삶은 나를 행복하게 만든다. 아이들과 온전히 함께 있고 싶어 선택한 퇴사, 난 내 결정이 후회되지 않도록 하루하루 감사하며 살 것이다. 그리고 내게 주어진 지금 이 시간을 더 행복하게 보낼 것이다. 감사한 삶은 내게 행복한 삶이다.

'감사합니다' 5글자의 선물

조성윤

　"감사는 세 가지 형태로 나타난다. 마음에서 우러나는 감사, 감사 표시, 그리고 되돌아오는 선물이다." 아랍속담 중에 감사에 관한 속담이 있다. 감사를 표현하면 다시 돌아온다는 것이다. 감사는 전염성이 강해서 표현하는 사람뿐만 아니라 주위의 사람들이 감사하고 사랑하게 되어 자신에게도 돌아온다.

　"감사합니다." 고마운 마음을 표현할 때 인사하는 5글자. 오늘 감사 인사를 누군가에게 얼마나 했을까? 감사한 마음을 누군가에게 표현하고 있다면 정작 나에게는 잘하고 있을까? 그리고 나와 제일 가까운 가족에게는?

　"왜 이것밖에 안 했어!"

　이마를 찌푸리며 허리에 손을 얹는다. 아이는 겁먹은 눈빛으로 변명하지만, 오늘 하기로 한 숙제를 다 하지 못해 화가 난 내 귀에는 들리지 않는다. 아이도 오늘 일정이 있었고 나름 열심히 했을 텐데 잘한 것보다 못한 것이 먼저 눈에 띈다. 내 눈은 위로 찢어 올라가고 이마는 내 川(천)자가 깊어진다. 감사만큼 화도 전염성이 강하다. 내가 큰아이에게 화를 내면 그 화가 결국은 작은아이에게까지 번져간다. 번지는 속도가 불과 같아서 화를 火(화)라고 하나 보다. 화를 한 번 내면 작은 일에도 화를 내고 점점 크게 내게 된다. 사소한 일에도 불만이 생기며 기분이 오르락내리락한다. 감사를 알기 전 내 모습이었다.

'이미 일어난 일을 내가 바꿀 수는 없는 노릇이니까 내 생각을 바꾸는 게 편해' 출근 시간이 급한데 차 시동은 안 걸리고 대중교통으로 가다가 옷은 흙탕물을 뒤집어썼다면? 나라면 그날 하루는 최악이라며 누구든 걸리기만 해보라고 으르렁거리는 표정으로 다녔을 것이다. 《감사하면 달라지는 것들》이란 책을 만나기 전까지는. 같은 상황에도 마음먹기에 따라 최악의 하루와 감사할 하루로 바뀐다는 사실이 너무나 놀라웠다. 머리를 망치로 얻어맞은 듯했다. 감사는 마스터키와 같아서 내 기분과 내 하루, 나아가서 내 인생까지 바꿀 수 있다고 한다. 키를 움직일 때는 작은 의식이 있다. 화가 나거나 불평이 생길 때 눈 감고 좋은 것을 음미하는 것이다. 자주 사용하고 익숙해질수록 마스터키는 불평의 마음에서 감사의 마음으로 자동으로 움직이게 된다고 했다.

나는 감사를 잘 표현하는 사람이라고 생각했다. 남들도 나를 예의 바른 사람이라고 말했다. 잘 모르는 사람들에게는 감사를 잘 표현하면서 가족에게 표현하기가 오히려 어려웠다. 쑥스럽기도 했고 가족이 나에게 해주는 것들을 당연하다고 생각했다. 나 자신에게는 감사를 표현할 생각조차 못했었다. 하지만 불만과 화는 숨기지 않고 표현했다. 남편에게 불만이 많았다. 오래 연애를 해서 잘 안다고 생각했는데 결혼 후 생각과 다른 모습에 불평불만이 쌓여갔다. 부부싸움을 하고 상처받아 눈물을 흘릴 때도 있었다.《감사하면 달라지는 것들》을 읽고 상대를 바꾸기보다 나를 바꾸기로 했다. 내가 먼저 감사를 표현하기로. 칭찬은 고래도 춤추게 한다는데 성인이 되니 칭찬보다 비난을 들을 일이 많다는 생각이 들었다. 남편에게 배우자인 내가 칭찬과 감사를 해야겠다 싶었다. 처음에는 문자나 카톡으로 표현했다. 직접 말하기 쑥스럽고 아침을 기분 좋게 시작했으면 하고 남편이 출근 뒤에 보냈다. 작은 것이라도 감사하다 칭찬하고 표현하니 내가 조금씩 달라지는 것이 느껴졌다. 예전엔 남편에게 자기중심적이라는 말을 종종 듣곤 했다. 감사를 하며 상대를 존중하려고 노력하니 처지가 보였다.

얼마 전 캠핑을 다녀왔다. 아이들도 오래간만의 캠핑으로 들떠 있었다. 기분이 좋아서인지 짐을 풀 때는 금방 끝난 것 같았다. 도와주는 아이들에게도 감사하며 즐거웠다. 하지만 철수하려고 짐을 쌀 때는 시간에 쫓기고 힘들어서 자꾸 가족들에게 불평불만을 늘어놓게 되었다. 내 마음처럼 움직여주면 좋겠는데 도와주는 아이들도 성에 차지 않았고 남편은 답답해 보였다. 불만이 점점 쌓여가 아이들이 내 눈치를 볼 때쯤 아차 싶어 마스터키를 돌렸다. 같은 짐이고 같은 가족인데 짐을 풀 때와 쌀 때의 내 마음이 달랐던 거구나 싶었다. 답답했던 남편은 시험을 앞두고 바쁜 와중에 가족들이 가고 싶어 하니 캠핑장을 알아보았다. 얼마 전 경상도에 있는 시댁을 다녀와서 장거리 운전을 했음에도 혼자 운전도 했다. 생각해보면 남편은 잠자리에 예민해 캠핑을 좋아하지 않는다. 하지만 기꺼이 3박 4일이나 불편함을 참고 함께한 것이다. 몸이 힘든 것을 내색하지 않다 힘들어할 때 무안 주었던 것이 생각나 부끄러웠다.

상대방이 무엇을 해주길 원하고 기대하면 감사함을 느끼지 못한다는 것을 다시 깨달았다. 나의 마음이 바뀌자 눈치 보던 가족들도 한결 편안해졌다. 집으로 돌아오는 길에 남편은 캠핑했던 지역의 맛집을 찾았고 맛있게 먹었다. 이때는 맛있다며 감사하다고 바로 표현했다.

감사를 할 때는 바로 표현해야 한다. 말로 하는 것을 놓치면 글로 쓰면 된다. 캠핑을 다녀와서 출근한 남편에게 힘든데 함께해줘서 고마웠고 덕분에 즐거웠다는 문자를 보냈다. 다정하지만 표현을 하지 못하는 남편도 고생했다며 답장을 보내왔다. 화를 내고 짜증을 냈다면 집으로 돌아오는 길이 어땠을지 생각만 해도 아찔하다. 즐겁게 3박 4일을 놀고 마지막이 안 좋은 기억으로 남았을 것이다.

칭찬하고 감사를 하면 듣는 상대도, 해주는 나도 기분이 좋은 멋진 일이다. 돈이 드는 것도 아닌데 마음껏 해야겠다는 생각이 든다. 감사를 표현해 보니 더 큰 혜택을 받는 쪽은 감사를 표현한 나였다. 조금 더 욕심을 내어 감사일기를 쓰고 싶어졌다. 감사를 표현해도 이렇게 바뀌는 데 일기를 쓴다면 얼마나 더 많은 것들이 바뀔까. 감사일기를 쓰면 좋다는 말은 심심치 않게 들었다. 남들이 좋다니까 예전에 두어 번 시도했다 귀차니즘에 손을 놓았다. 그리고 써도 별 변화 없다며 그 뒤에 본체만체했다.

감사일기의 다른 점은 무엇일까? 나에게 일기는 감정의 배수구였다. 결혼하며 친정에 두고 온 일기장을 다시 읽을 수 있을까? 그때의 부정적인 감정을 떠올리게 되어 읽고 싶지 않았다. 언제든 다시 읽어도 좋은 기분을 선물 받는 일기를 쓰고 싶다.

《감사하면 달라지는 것들》의 저자는 감사와 행복은 같지 않다고 한다. 감사는 행복보다 더 깊은 울림을 주는 감정이다. 감사를 느끼려면 감정적으로 적극적인 관여가 필요하다. 행복함을 올리는 방법으로 감사일기를 쓰는 것이다. 감사일기라고 거창할 필요는 없다. 그 전에 썼다 그만두었던 감사일기는 남들을 보여주기 위해서 힘을 들이다 보니 오래가지 못했다. 바쁘고 힘들다면 한 가지라도 써보자. 습관이 되면 일기 쓰는 게 어렵지 않다고 한다. 준비물도 예쁜 일기장과 실행력 두 가지만 있으면 된다. 감사하는 태도가 나의 일부가 되길 바라는 마음으로 예쁜 일기장을 준비했다. 그리고 감사일기를 쓰다 보면 글쓰기도 수월하다는 보너스 선물까지 있다고 한다.

큰아이가 어릴 적 최숙희 작가의 《엄마가 화났다》 그림책을 가져오곤 했다. 나중에 아이의 마음을 알고 많이 미안했다. 화도 감사도 주위를 전염시키는 건 같다. 기왕이면 모두를 불태우는 화 대신 모두가 행복해지는 감사를 표현하는 것이 어떨까.

1050일 감사일기가 낳은 기적

윤희진

코로나 19 상황이 지속되면서 마음이 힘든 사람들을 보게 된다. 아이들은 학교도 거의 못간 채 2년이 흘러가고 있다. 그러면서 불평과 불만이 더 많아졌다. 예전 같으면 별일 아닌 것에 괜히 짜증이 올라오기도 한다. 우울한 감정이 생기기도 한다. 자영업자들과 소상공인들의 한숨이 어느 때보다 깊다. OECD 국가 중 자살률 1위라는 불명예는 계속되고 있다. 어떻게 하면 이 위기 상황을 극복할 수 있을까?

나는 2018년 중반부터 감사일기를 쓰고 있다. 어느 네이버 카페에서 감사일기를 100일 동안 쓰면 커피쿠폰을 준다는 소식을 접했다. 그래서 그날부터 감사일기를 꾸준히 쓰기 시작했다. 처음에는 세 가지 감사일기를 적는 것도 쉽지 않았다. 쥐어 짜내고 짜내도 도대체 감사할 일이 없었다. 감사 근육이 길러지지 않았기 때문이리라. 하지만 날이 갈수록 3가지 감사 제목을 쓰는 것이 수월해졌다. 감사일기 문장도 점점 길어졌다. 100일이 되었다. 카페 운영자는 약속한 대로 커피

쿠폰을 보내주었다. 감사일기를 쓰면서 좋아진 점을 후기로 남겨 달라는 부탁도 잊지 않았다. 감사일기를 쓰며 보냈던 지난 100일을 되돌아보았다. 그때 썼던 감사일기 후기이다.

하루하루 감사일기를 꾸준히 쓰는 게 쉽지는 않았지만 그래도 하루를 돌아보며, 내게 감사한 조건들을 찾아 감사하며 사소한 것도 감사하는 내가 되었습니다. 2013년인가 교회 표어가 〈감사〉였고, 매일 감사를 감사노트에 써서 한 권의 책으로 만들어지기도 했었습니다. 그 이후, 감사일기 쓰는 것을 쉬고 있었는데, 어느 집사님께서 본인의 감사제목을 톡으로 보내 주셔서 저도 매주 적게는 5개에서 10개 이렇게 보냈습니다. 그러던 중, 이 카페를 알게 되고, 새.깨.톡.(새벽을 깨우는 톡방)을 하게 되면서 감사일기를 하루에 세 가지 이상 쓰게 되었습니다. 거기에다, 요즘 회사에서 감사, 행복, 나눔 프로그램에 수강생으로 등록하면서 하루 5감사 쓰기로 실천하고 있습니다. 감사일기를 쓰면서 불평, 불만이 있을 수 있는 상황에서도 감사를 찾게 되어 제 삶이 더 나아지고, 풍성해지고 있습니다. 앞으로도 감사일기를 꾸준히 써서 아이들에게도 본이 되는 엄마가 되겠습니다.

이렇게 쓰게 된 감사일기가 어느 새 1,050회를 넘었다. 노트에 쓴 감사일기도 있고, 카페 또는 블로그에 쓴 것도 있다. 요즘은 블로그에 매일 올리고 있다. 쌓여가는 감사일기를 보며 뿌듯하기도 하지만, 더 좋은 건 내 삶의 변화이다. 예전 같으면 불평하고 불만 섞인 목소리로

감사하면 달라지는 것들

투덜거릴 때가 많았는데, 지금은 감사가 늘었다. 사소한 거라도 감사하게 되었다. 어떤 이는 감사 근육이 늘었다고 칭찬해 준다. 감사 근육이 생기다보니, 나의 감사일기를 보고 본인도 감사일기를 써야겠다고 마음먹은 분들도 있다. 내가 한 작은 행동이 다른 사람에게 영향을 끼칠 수 있다는 사실이 행복하다. 너무 피곤한 날도 감사일기를 쓰고 잔다. 한 날은 깜빡 잊고 잠자리에 들었다. 아무래도 이상해서 생각해보니 감사일기를 쓰지 않은 것이다. 자다가 일어나서 감사일기를 짧게라도 적고 다시 이불 속으로 들어갔던 기억이 있다. 이전 글에서 습관이 얼마나 큰 힘을 갖고 있는지에 대해 썼다. 감사일기 쓰기도 이제 습관이 되어 내 삶의 일부가 되었다.

블로그에 올린 감사일기 중 두 가지만 적어 본다. 더 많은 감사는 블로그에 있으니 참고하면 좋겠다.

멀리 남양주 별내에 있는 딸과 우리 가족 함께 줌으로 가정예배 드릴 수 있어서 감사합니다. 큐티 말씀을 나누는 이 시간이 참 소중합니다. 계속 가정예배 드릴 수 있게 하소서.
어머님께서 만들어 주신 맛있는 음식을 삼시 세끼 먹을 수 있어서 감사합니다. 어머님의 손맛은 진리입니다.

— 미라클코치의 감사일기 #1029 중에서

코칭을 통해 저를 만나는 사람들이 변화되는 삶을 살도록 돕게 하시니 감사합니다. 시험을 치기 위한 수단이 아니라 고객들에게 집중하는 코칭 시간이 되길 기도합니다.

나의 삶을 돌아보면 감사할 일이 많다. 2002년에 한국대학생선교회KCCC 훈련생간사로 지원했다. 수료 후 2003년부터 2004년 8월까지 전임간사로 살았다. 선교단체는 간사에게 월급을 주지 않는다. 후원해 주실 분들을 만나 모금해야 한다. 그것으로 생활하고 사역해야 한다. 그래도 간사의 삶을 살면서 굶어본 적은 없다. 때마다 필요한 것을 채워주셨기 때문이다. 훈련생간사 시절, 캠퍼스를 누비며 복음을 전했던 기억이 생생하다. 나를 전도하는 사람으로 세워주신 것에, 또 후원자들의 기도와 물질로 채워주신 것에 감사하다.

학습지 교사로 살 수 있었던 일도 감사하다. 처음엔 초등학교 1학년, 네 살인 어린 자녀들을 떼어놓고 나오는 일이 얼마나 힘이 들었는지……. 어느 새 아이들은 훌쩍 자랐다. 지금 하고 있는 일인 인터넷 강의 재택담임교사 역시 해보지 않았다면 후회했을 것이다. 이집 저집 방문하는 방문학습지보다는 이 코로나 시국에 딱 좋은 직업이 아닌가 싶다. 물론 유선상으로 아이들과 학부모들을 관리하는 거라 한계도 있지만 말이다. 그래도 한 달이 지나면 꼬박꼬박 수수료가 들어오니 감사할 따름이다.

제니스 캐플런이 쓴 《감사하면 달라지는 것들》 책에서 저자는 감사하는 한 해의 계획을 세웠다. 감사를 조사하고 연구해야 할 프로젝트로 접근했던 것이다. 남편, 가족, 친구, 일 등 매달 초점을 맞출 한 가지 주제를 정해서 감사하기로 한 것이다. 396페이지에 달하는 이 책에는 그녀가 썼던 감사일기와 사례들이 많이 있다. 감사 프로젝트를 진행하며 있었던 여러 가지 일화들을 엮어 책으로 출간한 부분이 나에게 도전이 되었다. 언젠가 나도 저자처럼 감사일기라는 주제로 책을 출간하고 싶다는 생각이 든다.

감사에는 세 종류가 있다.

- 가장 초보 단계의 감사는 '만약 ~ 한다면 감사'이다. 나에게 500만 원이 생긴다면 감사하겠다.
- 다음은 '~ 때문에 감사하는 것'이다. '오늘도 좋은 사람들을 만나 식사할 수 있어서 감사합니다.', '남편이 승진해서 감사합니다.' 등.
- 마지막 단계는 바로 '그럼에도 불구하고 감사'하는 것이다. 감사할 수밖에 없는 상황에서 감사하는 건 누구나 할 수 있다. 그러나 도저히 감사할 수 없는 상황에서 감사하는 것이 수준 높은 감사이다. 예를 들면, 자녀가 중간시험을 망치고 왔다. 그럼에도 불구하고 이렇게 감사하는 것이다. '오늘 아이가 시험을 망쳤지만, 이번 계기로 공부를 더 열심히 해야 좋은 결과를 얻을 수 있다는 것을 배우게 하시니 감사합니다.' 몸이 아파 병원에 입원했다고 하자. '병원에 입원했지만, 쉴 수 있는 기회를 주심에 감사합니다. 쉬면서 나를 돌아보는 계기가 되니 감사합니다. 건강관리가 얼마나 중요한지 깨닫게 하셔서 감사합니다.' 이런 감사의

차원까지 올라가면 일상에서 감사할 것 밖에 없다.

감사는 나를 치유하는 최고의 선물이다. 나를 사랑해야 감사할 수
있다. 감사하면 다른 사람의 아픔도 돌아볼 여유가 생긴다. 일상의 조
각들을 감사라는 그릇에 담아 마음이 힘든 사람들에게 전해주는 메신
저가 되자. 감사하는 삶의 변화가 불러 올 나비효과를 기대해 본다.

 코칭 질문

1. 오늘 감사일기를 쓴다면 어떤 내용을 쓰고 싶은가요? 누구에게 감사하고 싶은가
   요?
2. 감사할 수 없는 상황이지만, '그럼에도 불구하고' 감사할 일이 있다면 무엇인
   가요?

감사하면 달라지는 것들

감사하면 달라지는 것들, 행복

이재욱

7월 31일 토요일 아침. 분리수거를 하다가 지저분한 전자레인지가 눈에 들어왔다. 물티슈로 겉을 닦다가 안에도 한번 닦기로 하였다. 유리를 꺼내 들고 쓱쓱 닦다가 순간 손이 미끄러졌다. "쨍그랑!"그 두꺼운 유리가 그렇게 산산조각으로 와장창 깨지는 것을 상상치 못했다. 발 주변으로 유리 조각들이 퍼졌다. 순간 얼음이 되었다. 아내가 놀라서 달려왔다. 발을 어디로 옮겨 놓아야 할지 몰랐다. 유리 조각을 우선 쓸어 모을 수 있게 빗자루를 가져다 달라고 하였다. 빗자루로 조심히 유리를 쓸어 담아 신문지에 쌌다. 그 순간 부인이 있어서 다행이었고, 유리가 깨지면서 나에게 상처를 입히지 않았음에 감사했다. 분리수거 중인 상자가 있었는데, 상자가 방안으로까지 유리 조각들이 튀는 것을 막아주었다. 사방팔방으로 유리 조각들이 튀는 걸 막아준 상자에도 감사했다.

LG 고객센터에 전화를 걸어 유리를 구매할 수 있는지 물었다. 안

내원은 구매할 수 있다고 했다. 다만, 가까운 서비스센터에 재고가 있는지 문의 후 방문하라고 했다. 집 근처 서비스센터 두 곳의 직통 전화번호를 안내해 주었다. 부천서비스센터가 집에서 가기에 괜찮아 보였다. 전화를 걸었고 모델번호를 알려주니, 다행히 재고가 있었다. 토요일이어서 12시 30분 전에만 오면 접수 및 구매를 할 수 있다고 했다. 11시쯤에는 찾아가겠다고 하니 전화로 방문 예약을 도와주셨다.

전자레인지가 없으니 아침 이유식을 데울 수가 없었다. 중탕기에 열 중탕을 했다. 평상시 2분 30초면 딸아이가 먹기에 딱 괜찮은 온도로 이유식을 데울 수 있다. 하지만 중탕기로 하니 20분이 넘게 걸렸다. 새삼 전자레인지의 소중함을 느꼈다. 음식을 따뜻하게 데울 수 있는 전자레인지의 존재에 감사한 마음이 들었다.

스쿠터의 시동을 걸고 헬멧을 썼다. 서비스센터까지는 약 20분이 소요되었다. 아침 11시. 서비스센터에 도착했다. 고장 난 밥솥, 고장 난 선풍기를 들고 온 사람부터 해서 자리에 앉아 대기하는 인원들까지 서비스센터는 만원이었다. 다행히 수리가 아닌 부속품 구매는 별도의 창구에서 이루어졌다. 내 앞 대기인원은 2명이었다. 내 번호가 되었다. 전화 예약을 해둔 덕분에 따로 다시 설명해 드리지 않아도 기사님이 창고에 들어가 유리를 꺼내다 주셨다. 12,500원이었다. 카드로 결제 후 서비스센터를 나왔다. 부주의로 인해 예상치 않은 지출이 생겼지만, 다행이었다. 생각한 것보다 가격도 저렴했다. 토요일 아침에 유리가 깨진 것에 감사했다. 점심시간 이후에 깨졌더라면, 주말 내내 불편할 뻔했다.

서비스센터를 빠져나와 스쿠터에 시동을 걸었다. 반응이 없었다. 방금까지 잘 타고 왔는데, 무슨 일이지? 스타터 버튼을 여러 번 눌러보았지만, 반응이 없다. 브레이크를 잡아도 브레이크 등이 들어오지 않는다. 배터리 이상 같았다. 배터리에 이상이 생겨도 킥스타터를 이용해 발로 시동을 걸 수 있다. 다만 메인스탠드로 스쿠터를 똑바로 세워놓고 힘껏 발로 밟아야만 시동이 걸린다. 햇볕이 너무 뜨거워서 스쿠터를 끌고 옆에 있는 나무 그늘로 자리를 옮겼다. 스쿠터를 세우고 발로 힘껏 시동을 걸어보았다. 반응이 없었다. '시동아 걸려라!'를 외치며 수차례 시도해 보았지만, 스쿠터는 묵묵부답이었다. 이마에는 땀이 송골송골 맺혔으며, 등줄기를 따라 땀이 흘러내리고 있었다.

스쿠터가 완전히 맛이 갔나 보다. 핸드폰을 꺼내 오토바이 수리점을 검색했다. 그나마 가까운 곳이 걸어서 15분이다. 부천 중동 오토바이센터였다. 전화를 걸었다. 혹시 지금 가도 스쿠터 수리 가능할까요? 12시였다. 점심시간이었는데, 다행히 가능하다는 답변을 들었다. 스쿠터를 끌고 수리점으로 향했다. 15분 거리가 유난히 오늘따라 멀게 느껴졌다. 수리점에 도착하니 티셔츠 절반이 젖어 있었다. 배터리는 이상이 없었다. 키 삽입부의 접촉 불량이었다. 수리점에 가지 않았더라면 나로서는 절대 몰랐을 원인이었다. 만병통치약 WD를 정교하게 뿌려주고 키를 잘 맞춰서 꽂아주니 시동이 걸렸다. 다행이다. 다시 스쿠터를 타고 집으로 돌아갈 수 있게 되었다. 수리점 아저씨가 주말에도 일하고 계심에, 점심시간임에도 수리를 해주심에, 수리점이 더 멀리 있지 않고 15분 거리에 있었음에 감사했다. 수리비 4천 원을 드리고 큰소리로 "아저씨 정말 감사합니다!" 거듭 인사를 드리며 나왔다.

스쿠터를 타고 돌아오는 동안 시원한 바람이 몸을 감쌌다. 기분이 좋았다. 돌아오는 길에 역곡시장에 들러 과일을 샀다. 아내가 좋아하는 천도복숭아가 10개에 5천 원! 크기가 조금 작긴 했지만 다른 가게의 절반 가격이었다. 그런데, 현금 구매만 가능했다. 전자레인지 수리를 하러 가는 길이라 다행히 지갑을 챙겼었다. 저렴하게 복숭아를 구매할 수 있었다. 요즘은 현금을 잘 들고 다니지 않는데, 스쿠터 수리비와 복숭아 구매는 현금으로 결제를 했다. 이날 현금이 있었음에 감사했다.

안 좋게 생각하면 이날 짜증 날 일들이 가득했다. 주말 아침부터 유리가 깨졌다. 이유식을 중탕하는 데도 몇 번이나 온도를 확인하면서 고생했다. 평상시 전자레인지를 이용하는 것보다 10배가 넘는 시간이 들었다. 주말 아침 서비스센터 전화 연결은 어찌나 안 되는지, 안내 멘트는 어쩜 그리 긴지, 상담원과 연결하기 위해 4번의 통화를 거쳤고 총 15분이 넘게 걸렸다. 분리수거를 하면서도 유리 조각들이 곳곳에서 발견이 되어서 몇 번을 추가로 쓸고 닦았다. 하필 잘 타고 간 스쿠터가 먹통이 되었고, 킥 시동은 먹히지도 않았다. 7월 마지막 날 무더위 땡볕 속에서 스쿠터를 끌고 이동을 해야 했다.

하지만 모든 순간에 감사할 거리를 찾으니 감사할 것들이 참 많았다. 실제로 이날 감사일기를 쓰면서 안 좋은 일들, 짜증났던 일들이 모두 감사로 바뀌었다. 이렇게만 하면 모든 상황 속에서 감사할 수 있겠다는 생각이 든다.

감사는 행복이다. 감사를 하다 보면 행복한 마음이 깃들기 때문이다. 불평, 불만스러운 상황도 감사한 부분을 찾다 보면 감사한 상황으로 변할 수 있다. 아침 또는 저녁 시간에 잠시 시간을 내어 하루 중 감사한 일을 적어보면 어떨까? 아니면 나같이 일기를 쓰면서 감사한 것들을 찾아보는 것도 괜찮겠다. 상황은 변한 게 없지만, 내 마음속에 행복감이 늘어날지도 모르니 말이다.

일상을 바꿔준 감사

박수미

　행복은 '나'로부터 비롯된다. 그래서 내가 행복해지면 세상이 행복해진다. 내가 행복해지는 방법은 감사하는 마음을 가지면 된다. 책을 통해 성공하는 사람들의 공통점 중에 하나가 감사하는 삶이라는 것을 발견했다.

　감사라는 단어를 통해 내게 주는 큰 의미 두 가지가 있다.

　첫째, 작년부터 내가 자녀 감사일기를 쓰면서부터 아이들과의 관계가 개선되는 경험을 하게 되고, 하루의 마무리로 감사일기를 쓰면서 소소하지만, 행복한 사람이라고 느끼는 경험을 하게 되었다.

　둘째, 관계 속에서 힘든 일이 생겼을 때 오히려 상대를 향한 미운 마음을 감사하는 마음으로 바꾸게 되자 나의 잘못도 보이고 상대의 입장과 마음이 이해되면서 얼어붙은 내 마음이 눈 녹듯이 사르르 녹으며 관계가 좋아졌다. 그 사람에게 감사했던 것을 떠올렸더니 점차 마음이 편안해지면서 미안하기도 하고 감사의 눈물이 흘렀다. 감사하는 마음으로 세상을 보자 스트레스가 사라지고 행복해졌다.

아이가 주말에 갑자기 열이 나서 아동 병원에 갔다. 목이 부어서 열이 나는 증상이 유치원이나 어린이집에 유행한다더니 그 증상으로 아이들이 병원 가득 있었다. 열이 나서 힘든 아기들의 보채는 소리, 엄마 아빠랑 폰을 보며 이야기를 주고받는 아이, 내 차례보다 저 사람이 늦게 왔는데 저 사람 먼저 진료를 봤다는 부모님, 이 정신없는 중에 6살 막둥이가 나의 무릎에 앉아 자신의 온몸을 엄마에게 의지하는 모습을 본다.

평소 말썽꾸러기로만 봤는데 이 아이가 건강하게 이제껏 잘 커줬구나, 이렇게 고열이 나는데도 잘 참아주고 의젓하게 자기보다 더 어린 아기들을 가리키며 좋알거리는 아이를 보자 건강하게 태어나줘서, 자라줘서 감사하다는 마음이 생겼다. 엄마에게 푹 안겨 있는 아이의 고불거리는 머리카락에 뽀뽀하자 내 속에서 행복함이 넘쳐났다. 아이를 꼭 안았다. 통통한 두 손으로 엄마의 목을 감아 뽀뽀로 화답하는 아이, 그 순간 정신없는 병원 로비는 따뜻하고 행복한 공간으로 바뀌었다.

일상에서 갑자기 이렇게 감사하는 마음이 다가오면 그 순간 온몸이 행복을 느낀다. 만나는 사람, 있었던 일, 내가 도전하는 프로젝트, 잘 먹는 아이의 오물거리는 입, 이불에서 대자로 자는 남편의 모습 등 일상의 모든 순간에 감사하는 마음을 가질 수 있다면 그런 마음을 지킨다면 하루가 정말 행복해지는 경험을 할 수 있다.

이 글을 읽는 모든 분이 오늘 내게 일어난 일상의 순간을 감사로 연결지어 생각해 보는 사람이면 좋겠다. 바로 당신의 생각 변화가 주변을 행복한 공간으로 만들어 줄 것이고 그 에너지를 받아서 각자가 더 멀리 행복을 퍼트릴 것을 상상만 해도 감사하다.

감사라는 단어를 넘어서 감사에 무게가 묵직하게 느껴지는 하루를 살아가 보려고 노력해 보자. 일상의 작은 순간부터 행복은 멀리 있는 것이 아님을 알게 될 것이다.

감사합니다.

모든 것이 은혜임을 깨닫게 한 감사

이은혜

　돌아보면 가정주부로 참 오랜 시간을 보냈다. 결혼하고 아이를 낳고 키우다 보니 시간이 빠르게도 지났다. 둘째가 8개월 정도 되었을 때, 남편 직장을 따라 경기도로 이사를 왔다. 남편은 직장 일로 바빠 늘 퇴근이 늦었다. 자상한 사람이었지만 계속 바빴기에, 거의 혼자서 아이들을 돌봐야 했다. 일가친척 아무도 없는 낯선 환경에 적응해 나가며, 아이들을 잘 키우고자 나름 노력했다. 책도 많이 구입해 읽어줬고, 도서관에도 자주 다녔고, 문화센터와 복지관도 데리고 다녔다. 육아 관련 서적도 종종 읽었고, 푸름이 닷컴 최희수 대표님 강의를 비롯한 교육 영상도 보며 좋은 엄마가 되고자 노력했다. 하지만 두 아이가 자랄수록 자녀 양육이 노력만으로 잘되는 건 아님을 느낄 수 있었다.

　아이가 셋이 되면서부터는 더 정신이 없었다. 두 명일 때와 세 명일 때 차이가 컸다. 아이들이 예쁘긴 했지만, 몸도 마음도 바빠서 지칠 때가 많았다. 내 안에서 예상치 못하게 올라오는 문제들도 있었다.

화가 나기도 했고 우울하기도 했다. 혼자 어디 가서 조용히 좀 있다가 오고 싶다는 생각도 들었다. 가끔은 직업 없이 뒤처지는 삶을 사는 것 같아 속상하기도 했다. 남편은 승진도 하고 월급도 오르는데 가정주부의 삶은 아무런 보상이 없었다. 나이는 자꾸 들어가기에 한 번씩 무기력함을 느꼈고 감정의 변화도 많았다.

막내가 어린이집에 다니게 되면서부터 나를 찾고자 부단히도 애를 썼다. 새로운 걸 배우고 알아간다는 게 좋았다. 자격증을 따며 성취감도 느꼈다. 마흔이 되어서는 책에도 관심을 갖고 여러 권 읽어나가기 시작했다. 실습을 하면서 원예치료 수업도 시작했다. 사람들 앞에 서려니 부담감도 느꼈지만 조금씩 적응해 나갔다.

하지만 그 무렵부터 집안에 어려운 일들이 계속 생기기 시작했다. 살아오면서 문제는 늘 있었으나, 한번에 힘든 일이 몰아닥치니 더 힘겹게 느껴졌다. 경제적으로 큰 어려움이 왔고, 남편의 건강에 여러 가지 문제들이 생겼다. 애들 시력도 급격하게 떨어져서 세 명이 다 안경을 써야 했다. 아이들의 치아에도 이상이 있어 한참을 치료받아야 했다. 큰 수술은 아니지만 몇 가지 수술도 받아야 했다. 그 외에도 자잘한 문제들과 마음의 문제까지 생겨 하루하루 버틴다는 마음으로 정신없이 보냈다. 가정에 힘든 일이 많이 생기니 어디를 나갈 수가 없었다. 사람들도 만나기 싫었고 집과 교회, 병원만 오가며 지냈다. 너무 힘들었던 5월에는 책 한 권 읽지 못한 채 걱정과 눈물 속에 말씀과 기도만 붙들고 살았다.

그래도 계속 힘들어할 수만은 없었다. 다시 일어서고자 노력했다.

중보기도단에 참여해 교회와 다른 사람들을 위해 기도하기 시작했다. 〈어머니학교〉 스태프로 섬기는 시간도 가졌다. 그곳에서 기도 도움도 받았고, 강의와 나눔시간을 통해 은혜도 받았다.

마음이 복잡하고 힘들 때는 글을 계속 적어나갔다. 글을 쓰면서 속상한 마음을 토해냈다. 간절한 기도를 적기도 했고, 마음 상태를 그대로 기록하기도 했다. 그러는 동안 조금 멀리서 마음과 상황을 객관적으로 바라볼 수 있게 되었다.

책을 읽으면서도 위로를 받았다. 더 아프고 힘들었던 사람들의 이야기와 그들의 극복과정을 보며 힘과 용기를 얻었다. 힘들지 않은 인생은 없었다. 저마다 차이가 있을 뿐, 다들 힘든 시간을 겪고 또 이겨내는 과정을 거치면서 성장하는 모습을 볼 수 있었다. 그렇게 다시 책을 읽어나가기 시작했고 상황을 긍정적으로 바라보고자 애썼다. 말씀을 붙들고 찬양하며 기도했다. 어려운 상황에서 벗어나게 해주시고 평안을 주시길 기도했다. 우리 가족의 시선도 바꿔 주시길 기도했다.

성경 말씀에 "항상 기뻐하라, 쉬지 말고 기도하라, 범사에 감사하라"는 말씀이 있다. 이 말씀들은 권유가 아닌 명령이었다. 어떤 상황에서도 기뻐하고 기도하며 감사할 수 있어야 했다. 평안할 때 드리는 감사보다 힘든 상황에서 감사할 수 있는 게 진정한 감사임을 느꼈다. 차원이 다른 감사를 배워 나가기 시작했다. 이찬수 목사님의 《153 감사노트》를 구입해 온 가족이 함께 감사 제목들을 적어나가기 시작했다. 상황과 여건은 어려웠지만 그럴수록 감사한 것들을 더 찾고자 노력했다.

길가에 핀 꽃이 눈에 들어왔고, 푸른 나무와 맑은 하늘, 눈부신 햇살이 감사했다. 사계절의 변화가 감사했고 우리나라에 살 수 있음이 감사했다. 아픈 몸을 이끌고 회사를 오고 가는 남편이 짠하면서도 감사했다. 힘든 상황에서도 여전히 잘 웃는 아이들이 고마웠다. 숨 쉴 수 있고 걸을 수 있고, 자유롭게 몸을 움직일 수 있음이 감사했다. 살 집이 있고, 먹을 것이 있고 입을 옷이 있음에 감사했다. 병원을 다닐 수 있고 치료받을 수 있음에도 감사했다. 세상에 수많은 위험 속에서도 지금까지 건강하게 살아있는 것이 감사했고, 남편을 만나 믿음의 가정을 꾸릴 수 있음이 감사했다. 체구가 작아서 아이를 낳을 수 있을까 걱정했는데 세 아이를 선물로 주신 것도, 아이들과 함께 일상을 살아갈 수 있음도 감사했다. 남편과 아이들 존재 자체가 더없이 감사했다. 일은 못해도 아이들 옆에서 힘이 되어 줄 수 있음에 감사했다. 주변에 함께 기도해 주시는 분들이 있음도 감사했다. 기도를 들으시고 우리의 상황을 보고 계실 하나님께 감사했다. 돌아보니 감사한 것들이 참 많았다. 그동안 베풀어 주신 은혜들이 너무도 많음을 생각하며 감사했다.

"인생을 살아가는 데는 오직 두 가지 방법밖에 없다. 하나는 아무것도 기적이 아닌 것처럼 사는 것과, 다른 하나는 모든 것이 기적인 것처럼 살아가는 것이다."라는 아인슈타인의 말이 생각났다. 나의 시선을 바꾸니 일상의 모든 것이 다 기적임을 느낄 수 있었다.

인생은 어찌 보면 터널을 통과하는 것과 비슷하다는 생각이 든다. 어두운 터널을 지나서 잘 가다가도 생각지도 못한 또 다른 어려움의 터널이 찾아오기도 한다. 그래도 그 시기를 잘 인내하고 지나가면 빛이 보이고 옆의 풍경들이 보인다. 한 터널 또 지나갔다는 안도감이 든다. 결국에는 다 지나간다. 유한한 인생, 나그네와 같은 삶일 수도 있지만, 목적지를 바라보며 순례자의 삶을 살아가자고 다짐해본다.

아직 해결되지 않은 문제들도 있지만, 어려운 시간들을 통해서 더 하나님을 바라볼 수 있었고, 더 기도할 수 있었다. "나의 길 오직 그가 아시나니 나를 단련하신 후에 내가 정금 같이 나아오리다."라는 말씀 찬양을 기억한다. 단련하심의 과정을 지나며 우리는 더 단단해질 수 있었고, 섬김의 자리로 나아갈 수 있었다.

감사를 통해 모든 것이 은혜임을 깨닫게 되었다. 고난의 시간이 있었지만, 그 가운데 얻게 된 것들도 많았다. 믿음 생활을 돌아보게 되었고, 기도의 힘과 도움의 손길을 느낄 수 있었다. 힘든 사람들을 공감하게 되었고 그들을 위해 간절히 기도할 수 있게 되었다. 글을 더 많이 쓰게 되었고, 책도 더 읽게 되었다. 그러면서 열등감이 조금씩 줄게 되었고 자존감이 조금씩 자라기 시작했다. 책을 통해서 다른 시각으로 세상을 바라볼 수 있었고, 마음의 넓이도 조금씩 커지게 되었다. 직접 겪지는 않았어도, 책을 통한 간접경험으로 사람들을 더 이해할 수 있게 되었다. 조용히 혼자만의 시간을 가지면서 마음에 평안도 찾았다. 그렇게 조용히, 조금씩 변화하며 성장해올 수 있었다. 그 시간을 지나오면서 생각지도 못한 작가의 꿈도 품게 하셨고, 좋은 멘토님들과 만남의 길도 열어 주셨다.

코로나 19로 인해 모두가 어려운 시기를 지나고 있지만 이 또한 언젠가는 지나갈 것이다. 힘이 들수록 더 감사 제목들을 찾으며, 일상의 작은 감사들을 찾아 나가자. 우리가 누리고 있는 것들이 당연한 것이 아님을 깨닫게 될 것이다. 모든 것이 은혜였고 모든 것이 감사였음을 고백한다. 앞으로의 달려갈 길, 더욱 하나님 의지하며 주신 사명을 발견해 믿음의 길을 걸어가고 싶다. 나의 작은 발걸음이 누군가에게 따뜻한 위로와 힘이 되어 줄 수 있기를 소망한다.

　어두운 터널을 지나고 있는 분이 있다면 힘을 내시길, 머잖아 다시 환한 빛을 보게 될 것이니 용기와 희망을 잃지 마시라고 응원 드리고 싶다. 당신은 존재 자체만으로도 더없이 귀하고 아름다운 사람임을 기억했으면 좋겠다.

감사하면 달라지는 것들

줄탁동시啐啄同時, 그 감사함에 대하여

석윤희

2020년 12월, 과거를 돌아보고, 현재를 점검하고, 미래의 내 모습을 상상하며 처음으로 평생 계획을 세워보았습니다. 적은 것을 한참 들여다보았습니다. 그리고 제가 걸어온 인생길에 늘 저를 이끌어준 '길잡이 Pathfinder' 역할을 해주신 감사한 분들이 있었음을 깨달았습니다.

길잡이Pathfinder는 제 인생 책 중 하나인 케빈 홀의 《겐샤이》에 나오는 단어입니다. 이 책에서는 우리가 우리의 길을 따를 때, 우리에게 길을 보여주는 사람들을 만나게 되는데, 이들을 '길잡이'라고 말합니다. 우리가 목표를 이루기 위해 최선을 다할 때, 우리의 목적이 이루어지도록 돕는 사람들을 만난다는 부분을 읽으니 저절로 고개가 끄덕여졌습니다. 저 역시 제 삶의 길잡이가 되어주신 분들의 도움으로 성장할 수 있었습니다.

처음 부모교육 강의를 듣고 부모교육 강사로서의 꿈을 키울 때, 버츄카드 필사를 해야겠다고 굳게 마음먹고 다시 도전했을 때, 하브루

타에 대해 더 알고 싶어서 다시 하브루타 강의를 듣고 공부하기 시작했을 때, 인성교육의 필요성을 깨달아 인성교육 전문강사로 활동하고 싶다는 꿈을 꾸고 있을 때, 시간 관리의 필요성을 깨달아 자기 경영에 대해 눈뜨고 싶었을 때 등 매순간 저와 동행해 주신 감사한 분들이 있었습니다.

최근 감사함을 느낀 제 길의 길잡이가 되어주신 분에 대해 생각해 보았습니다. 저의 평생 계획 중 40대 계획에 '저자되기'가 있습니다. 이 계획을 종이에 적을 때만 해도 글쓰기 강의를 듣고 천천히 저자되기에 도전해 봐야겠다는 생각을 하고 있었습니다. 언젠가 책을 쓰리라 생각하고 있던 어느 날, 제가 회원으로 활동하고 있는 책읽기 모임에서 공저 책쓰기에 참여하고 싶은 회원을 모집한다는 글을 보았습니다.

'책쓰기? 나의 40대 계획에 있는 건데!'

바로 신청했습니다. 글쓰기 수업을 들은 후 책을 쓸 계획을 하고 있었지만 우선 기회가 있을 때 시작하자는 생각에 도전해 보기로 했습니다. 잘 쓸 수 있을지 걱정은 되었지만 매일 블로그에 글도 쓰고 있고, 강의안도 자주 쓰기 때문에 크게 고민하지는 않았습니다. 그러나 막상 초고를 제출할 때가 되자, 제가 생각했던 것 이상으로 글쓰기가 어렵다는 것을 느끼게 되었습니다.

강의 준비 시간과 강의 시간, 제가 수강자로 참가하고 있는 강의 시간을 제외하고 나머지 시간에 충분히 쓸 수 있다고 생각했던 저의 생각은 완전 오판이었습니다. 10포인트 크기로 A4용지 기준 한쪽 반을 쓰는데 4시간 이상이 걸렸습니다. 더 빨리 쓰고 싶어도 써지지 않왔고, 썼다 지웠다를 무수히 반복했습니다. 한 페이지를 다 쓸 때쯤, 내용이 마음에 들지 않아 다 지우고 다시 쓰는 일이 계속되면서 작업은 더욱 늦어졌습니다.

매일 자신이 쓴 소주제의 글을 단체 채팅방에 올려 인증을 해야 했는데, 밀리다보니 심리적으로 너무 힘들었습니다. 급기야 그만두고 싶다는 생각이 들었습니다. 함께하는 공저자분들께 미안했습니다. 예정된 일정 안에 못 끝낼 것 같은 불안감에 속도는 더욱 늦어졌고 하루에 2시간 내외로 자다보니 피로는 계속 누적되어 갔습니다. 잘 쓰고 싶다는 욕심을 버리고, 참여소감 후기라 생각하며 편히 써보라고 조언해 주시는 선배님의 말씀을 듣고 그런 마음으로 써보려고 했지만 되지 않았습니다. 글쓰기를 출산에 비유한 어느 작가의 말이 사실이었음을 실감했습니다.

결국 공저 책쓰기를 이끌고 계신 선배님께 마무리하지 못할 것 같다는 문자를 보냈습니다. 너무 힘들어서 그만두고 싶었습니다. 마무리를 못한 것이 참 죄송했습니다. 이런 저의 문자에 선배님께서는 자신이 첫 책을 썼을 때 경험을 말씀해 주셨습니다. 그리고 거의 다 왔으니 함께 완주하자, 포기하지 말고 같이 하자는 응원의 말이 저의 마음을 움직였습니다. 그래! 조금만 더 힘내자!

공저 책쓰기를 마무리하면서 케빈 홀의 《겐샤이》에서 읽었던 문장이 떠올랐습니다.

"모든 사람은 특정한 과제와 꿈과 목표를 가지고 있다. 그것을 끝마

삶을 읽다, 마음을 나누다

치고 완성하고 성공적으로 이루었을 때, 삶의 질이 극적으로 좋아지는 것을 경험할 수 있다. 절반만 끝낸 일만큼 자신의 온전함에 치명적인 것은 없다."

포기하지 않고 이렇게 마무리할 수 있음에 감사합니다. 혼자라면 해 내지 못했을 것입니다. 공저 책쓰기를 이끌어 주신 서성미 선배님, 함께 공저자로 참여하신 12분의 선배님들, 지치지 않게 옆에서 지지하고 도와준 남편에게 감사함을 전합니다.

감사하니까 감사할 일이 생기는 거야

강선화

"엄마, 한국에 나오지 마세요. 나도 안 갈 거예요."

"그래도 졸업식인데……. 안 간다고?"

"회사도 그렇고 친구들도 다 안 간대요."

큰아이는 입학식 때도 혼자였다. 입대할 때도 제대할 때도 그랬다. 졸업식엔 아예 안 간다고 한다. 이번만큼은 잘 챙겨주고 싶었는데, 이 마저도 기회가 사라졌다.

며칠 후 메시지가 왔다. "코로나로 졸업식이 취소됐대요."

전 세계가 중국과 한국의 코로나 소식으로 떠들썩했다. 몽골은 소리 소문 없이 국경을 봉쇄했다. 겨울방학을 이용해 한국에 설을 쇠러 나갔던 사람들의 발이 묶였다. 8개월이 지나서야 한두 사람씩 돌아올 수 있었고, 3주 이상의 격리와 비싼 격리 비용을 치러야 했다. 취소된 졸업식은 오히려 감사가 되었다.

토요일 독서모임은 한 주간의 삶을 나눔으로 시작한다. 귀가 솔깃

한 나눔이 있었다.

"감사일기 쓴 지 한 달쯤 됐는데 너무 좋아요. 하루에 딱 세 개씩만 쓰는 데도 이게 쌓이니까 뭔가 큰일을 한 것도 같고요. 억지로라도 쓰려니까 온종일 감사 거리를 찾게 되더라고요."

감사일기 열풍이 분 건가? 여기저기, 너도나도 감사일기 얘기다. 단톡방에도 블로그에도 인스타그램에도 감사일기가 눈에 띄게 많다. 일기라는 건 개인의 소중한 추억을 간직하는 공간이라고 생각했다. 오죽하면 예전엔 열쇠 달린 일기장을 선물했으랴. 지극히 사사로운 일을 굳이 만천하에 공개하는 게 맞나 싶어 마음이 불편했다.

교계에도 감사일기 열풍이 불었다. 분당우리교회는 《153 감사 노트》를 출판하여 교인들과 감사를 나눈다는 뉴스를 봤는데, 몽골에도 그 노트를 쓰는 사람들이 생겨났다. 이게 뭔가 싶어 자꾸 신경이 쓰였다.

감사일기 예찬론자가 주변에 많아서인지 나도 한 번 써볼까 하는 마음이 들었다. 처음에는 바인더에 감사 제목을 하루 세 개씩 썼다. 스트레스가 심한 날은 감사 거리 하나 찾는 것도 힘들었다. 빼먹는 날도 있었다. 그래도 꾸준히 쓰니 세 개는 채울 수 있었다. 그러다가 다른 사람들처럼 블로그에 올려봤다. 사람들은 내 감사일기에 별 관심도 없어 보였다. 괜히 나 혼자 개인의 사사로운 걸 공개하느니 마느니 난리를 떨었던 거다.

당연하다고 여기던 것들을 감사 거리로 쓰려니 낯 뜨거웠다. 하루를 돌아보며 내 맘대로 되지 않은 것들도 긍정적으로 생각하며 써보

감사하면 달라지는 것들

았다. 감사가 아니라 감사해야 한다는 자기 암시 같았다. 자기 암시가 힘을 발휘했는지 시간이 지나면서 감사 거리는 하나둘 늘어났고, 진심으로 감사하는 일도 늘어났다.

세 가지로 시작한 감사는 대여섯 개로 늘었다. 사진도 넣었다. 하루 중 기억에 남기고 싶은 내용을 짧게 쓰고 감사일기를 썼다. 블로그에 쌓여가는 글을 보니 기분도 좋아졌다. 며칠만 해보려고 했는데 40일을 넘겼다.

'나는 왜 늘 주기만 해야 하지? 손해만 본다고. 사람들은 날 이용하기만 해.'

감사일기 쓰기 전에는 늘 이런 불평을 마음에 품고 살았다. 한 달이 지나자 놀라운 일이 벌어졌다.

학교 사무실 서랍이나 우리 집 냉장고에는 항상 초콜릿이 있다. 추운 나라에서 초콜릿은 축하하거나 감사할 때 주는 선물이다. 하지만 단 걸 즐기지 않는 나에게는 그저 초콜릿일 뿐이었다. 냉장고에는 차차르간 주스(비타민나무 열매 주스)도 있다. 이 주스는 몽골의 특산품으로 감기나 피로 회복에 좋은 데다 요즘은 선물용으로 제작되어 감사를 표현하기에 안성맞춤이다. 하지만 비위가 약한 나는 주스에서 나는 냄새 때문에 즐겨 마시지 않는다. 가끔 심한 감기에 걸렸을 때 따뜻하게 데운 주스를 한약 먹듯이 숨을 참고 들이킬 때는 있다.

감사일기를 통해 초콜릿이나 주스가 선물을 넘어 나를 향한 최고의 감사 표현이자 사랑의 표현이었다는 것을 깨닫게 되었다. 물건이 아닌 그 이면에 있는 그들의 마음을 헤아리고 나니 또다시 감사가 몰려왔다.

이렇게 감사일기 곳곳에 내가 베푼 것보다 받은 것이, 아파하는 나보다 위로받고 섬김받는 내가 더 많았다. 외톨이라는 생각과 다르게 늘 내 곁에 사람이 있었다. 생각과 현실은 달랐다.

"웃을 일이 있어서 웃는 것이 아니라 웃으니까 웃을 일이 생긴다"는 말이 있다. 나는 이렇게 말하고 싶다.

"감사할 일이 있어서 감사하는 것이 아니라 감사하니까 감사할 일이 생기는 거야."

인생의 치트키

이재은

"장미 덤불에 가시가 있다고 불평하지 말고 가시덤불에 장미가 있다는 데 기뻐하라."

《감사하면 달라지는 것들》에 나오는 글이다. 감사를 한 문장으로 참 잘 표현했다는 생각이 들었다. 감사일기를 쓰고 나 역시 많이 달라졌다. 무엇보다 달라진 건, 삶을 대하는 태도다.

부자들은 감사일기를 꼭 쓴다고 했다. 부자가 되고 싶어 감사일기를 쓰기 시작했다. 불순한 의도여서 그랬는지 처음부터 잘 써지지 않았다. 도대체가 뭐에 감사해야 한다는지 도통 알 수 없었다. 《시크릿》으로 유명한 론다 번의 《매직》이라는 책을 우연히 알게 되었다. 28일 동안 감사일기를 실천하는 책이란다. 오. 이거 따라 하면 되겠다 싶었다. 책을 사서 그대로 따라해보기 시작했다.

첫째 날, 감사하는 것 10가지를 써야 했다. 반드시 이유까지 써야 한다고 했다. 마지막에는 꼭 '감사합니다'로 끝을 내라 했다. '하라는 거 참 많네.' 꽤나 귀찮게 하는 책이었지만, 이 책을 계속하기로 결심한 건 이 책의 첫 문장 때문이었다.

삶을 놀라움과 경외의 눈으로 바라보던 어린아이 시절을 떠올려보라. 삶은 마법 같았고 신났으며 작은 일에도 흥분해서 온몸이 떨렸다. 풀밭에 내린 서리를 보고 넋이 나간 듯 매혹됐고, 날개를 펄럭거리며 날아가는 나비도, 땅 위를 뒹구는 낯선 모양의 잎사귀도 당신의 마음을 사로잡았다. (중략)
당신의 마음속에 기쁨이 가득했고, 상상력은 끝이 없었고, 삶은 마법과 같다고 믿었다. 어린 시절 우리는 많은 강렬한 감정을 갖고 있었고 모든 것이 좋았다.

– 《매직》, 론다 번

아이들이 신나게 깔깔거리는 모습과 자지러지는 웃음을 보고 있노라면, 부럽다. 어쩜 그리도 사소한 일들에서 저렇게도 신나게 방긋방긋 웃을 수 있지? 자동차 시동 소리 나는 장난감 하나에도 난리가 난다. 온 얼굴이 웃는다. 아이들처럼 해맑게 웃던 그때로 돌아가 보고 싶었다.

난 참 밝은 아이였다. 타고난 초긍정녀라고 스스로를 소개할 만큼, 밝음의 대명사가 곧 나라 생각했다. 자신 있었다. 어느 순간부터, 일은 뜻대로 되지 않는 것만 같았다. 불평만 늘어놓고 있었다. 어느새 거울을 보면 인상을 찌푸리고 있었다. 결혼한 후에는 남편에게 계속 화가 났다. 엄마가 되고서는, 나조차도 주체할 수 없는 화를 내기도 했다. 정신 차려보면 아이들에게 소리를 지르고 있었다. 내 감정이 왜 이런 건지 이유를 알고 싶었다. 살아야 했다.

단순했다. 기분 좋게 평온하게 살고 싶었다. 화가 나는 이유를 알고 싶었다. 불평하고 싶지 않은데 부정적인 말들을 많이 하고 있었다.

"진짜 지겹다 지겨워."

"나한테 도대체 왜 이래."

"나 좀 내버려 둬."

감정 관련 책들, 화에 관련된 책들을 찾아 헤맸다. 그러다 감사를 만났다. 감사일기를 쓰며 알게 되었다. 삶을 바라보는 관점과 태도를 '바꾸는' 일이 감사라는 걸. 나에게 좋지 않은 일이 일어났을 때도, 그것을 감사할 일로 바꿀 수 있다는 걸.

나누고 싶었다. 겁도 없이 감사일기 쓰는 모임을 만들었다. '감사' 하고 '자기사랑' 하면서 살았으면 좋겠다는 마음이었다. '땡큐럽미'라고 이름 지었다.

모두들 나처럼 처음엔 힘들어했다. 첫째 날, 감사한 일들 10가지 적는 건 나만 힘든 것이 아니었다. 감사할 일들을 찾고 생각하기 위해서는 약간의 노력이 필요하다. 감사할 것이 생각 안 날 때 꿀팁이 있다. '있다 없다 게임'을 하는 거다. 나에게 '있는' 것들을 찾아본다. 예를 들어 이렇게 적어보는 거다. 지금 나에게는 글을 쓸 수 있는 노트북이 '있다'. 노트북이 '있어서' 감사하다. 노트북이 있기 때문에 언제 어디서든 글을 쓸 수 있다. 쓸 것이 없다면, 주변을 둘러보면 된다. 나에게 있는 것들부터 찾아서 감사하면 된다.

결국 감사는 연습이었다. 매일 연습할수록 감사할 것들은 계속 늘어갔다. 그러다 보면 결국, 나 자체가 감사라는 것을 알게 된다.

혼자 할 때보다 같이하는 즐거움이 훨씬 컸다. 용기 내서 감사 모임을 만들기를 잘했다 생각했다. 단체 톡방에는 매일 감사 에너지가 가득했다. 감사 인사도 많이 받았다. 감사일기를 알게 되어 좋다고, 함께 쓰게 되어 즐거웠다고. 사실 내가 훨씬 더 많이 즐겁고 행복했다. 감사하니 감사한 일들이 더 생겼다. 내가 한 좋은 경험이 있다면 앞으로도 무조건 나눠야겠다 생각했다.

여전히 불평불만은 튀어나온다. 화도 많이 낸다. 짜증도 여전하다. 하지만 예전보다는 확실히 마음이 편하다. 내가 어떻게 생각하느냐에 따라 지금 이 순간 이곳이 천국이 되기도 하고 지옥이 되기도 한다는 사실을 알기에 괜찮다. 감사를 외치는 순간 여기가 천국이다.

● 서성미

굳어진 나의 사고를 깨주는 책, 다른 관점으로 문제를 바라볼 수 있게 도움을 주는 책, 마음 깊이 내면의 목소리를 들을 수 있도록 울림을 주는 책이 여러분의 여정에 길동무가 되어줄 것입니다. 나의 이야기도 누군가에게 위로와 공감을 줄 수 있는 글이 될 수 있다는 생각을 가지고 하루하루의 의미를 발견하고 기록하고 공유하는 삶을 살아가시길 간절히 바라봅니다.

● 윤희진

책을 읽고, 나누면서 제 삶은 조금씩 변화하고 성장했습니다. 목적이 있는 책 읽기 모임에서 만난 여섯 권의 책에 담긴 메시지를 저의 에피소드와 함께 담아보았습니다. 아무쪼록 저의 글이 책으로 삶을 변화시키고 싶은 분들에게 좋은 자극제가 되기를 소망합니다. 독자 여러분! 매일 읽고 쓰면 책이 됩니다.

● 박수미

　책을 눈으로만 읽고 다른 사람들의 생각만 받아들이던 내가 독서 모임을 통해 토론하고 생각을 말하고 실천하면서 조금씩 성장한 이야기를 담아보았습니다.

　작은 도전들이 삶에 활력을 주고 살아있음을 느끼게 했답니다. 여러분들도 내가 좋아하는 것이 무엇인지 고민하고 내가 결정한 대로 살아보는 경험을 해보셨으면 하는 마음으로 이 글을 썼습니다.

　저의 경험이 누군가에게는 용기를 주고 행동하게 하는 글이었으면 좋겠습니다.

● 강선화

　변화와 도전을 두려워하는 겁쟁이가 산 설고 물 선 몽골에 온 지 30년이 되어 갑니다. 여섯 권의 책을 읽으며 제 삶을 돌아보니 순간순간이 도전이었습니다. 두려움으로 잠 못 이룬 수많은 날과 살아내려고 제 본성을 거스르며 조심스레 내디뎠던 발걸음이 여기까지 왔습니다.

　이런 글을 세상에 내놓는다는 것이 부끄러워 그만두겠다는 말이 목까지 차올랐는데, 함께하는 분들의 열정에 묻어가기로 했습니다. 모쪼록 이번 도전이 습관이 되는 그날을 기대해봅니다.

● 윤태진

　사람이 책을 쓰지만 결국 사람을 변화시키는 것은 책입니다. 삶의 현장에서 경험한 자신의 다양한 사례들을 비슷한 처지에 있는 사람들에게 전달하기 때문입니다. 최근에 접한 책들은 나를 그렇게 변화시켰습니다. 친절한 삶의 지침서이고, 동기부여의 고마운 도구입니다. 앞으로 만날 책들이 기대가 됩니다. 또 나를 변화시켜 줄 것이기 때문입니다.

● 이재욱

　"결심은 한 번이면 된답니다. 결심한 이상 되는 방향만 생각하고 전진하세요." 나의 행동의 원동력이 되었던 말입니다. 이제 이 책을 읽은 당신에게 이 말을 해주고 싶습니다. 책을 읽는 동안 든 결심이 있다면 되는 방향만 생각하고 전진하시길!

● 이은아

　올해 초《당신의 소중한 꿈을 이루는 보물지도》라는 책을 통해 알게 된 것을 실천함으로써 조금씩 꿈을 이루어나가는 기쁨을 누리고 있습니다. 위의 여섯 권의 책 또한 나의 삶의 구석구석에 영향을 끼치며 나의 삶을 변화시켜 나가고 있습니다. 그것이 한 문장일지라도 말입니다. 독자들도 책을 읽으면서 변화되는 삶의 기쁨에 한번 동참해 보지 않겠습니까?

● 이은혜

　글쓰기와 책 읽기가 좋았습니다. 글쓰기는 저와 마주할 수 있는 소통의 시간이었고, 치유와 회복의 시간이 되어 주었습니다. 마흔부터 시작한 책 읽기는 세상을 바라보는 눈과 생각의 폭을 넓혀 주었습니다. 독서와 글쓰기를 통해 일상이 조금씩 바뀌고 있습니다. 덕분에 공저 쓰기도 할 수 있었습니다. 작은 것에 감사하며, 읽고 쓰는 삶을 계속 살고 싶습니다. 누군가에게 힘과 위로를 전해 줄 수 있는 글을 쓸 수 있게 되길 꿈꿔봅니다.

● 박영희

　책을 쓰며 느꼈습니다. 지금까지 제가 일구어온 삶은 책의 메시지대로 행동해 얻은 결과임을요. 자기계발 도구로 책만 한 것이 없다지요. 읽을 시간과 펼칠 공간만 있으면 독서는 가능합니다. 앞으로도 저는 책을 통해 성장하며, 성장하는 기쁨을 엄마들과 그리고 아이들과 함께 나누려고 합니다. 성장하는 기쁨, 책으로 함께 시작해 볼까요?

● 석윤희

　마음의 상처가 너무 깊어 치유가 필요했을 때, 책을 통해 안정을 찾았습니다. 삶의 변화가 필요했을 때, 책을 통해 변화의 기회를 잡았습니다. 삶의 나침반이 필요했을 때, 책을 통해 길을 발견했습니다. 그동안의 제 삶의 '읽는 삶'이었다면, 이제 '쓰는 삶'으로 나아가려 합니다. 저의 '쓰는 삶'이 누군가에게 위로와 격려가 되길 소망합니다.

마치는 글

● 이재은

마음이 끌리는 대로 살아왔습니다. 가끔은 이게 맞는 선택이었을까? 다른 선택을 했다면 더 좋았을까? 잘 살아가고 있나. 항상 의문투성이었습니다. 엄마가 되고서야 책을 만났습니다. 책속에 내가 했던 고민들을 미리 했던 많은 사람들이 있었습니다. 더 빨리 책과 만났더라면 좋았겠다 생각했어요. 이 세상에는 개성 넘치고 멋진 사람들이 무척 많더라구요. 더 나답게 자유롭게 재밌게 살아봐야지! 용기를 듬뿍 얻었습니다. 제가 책에서 용기를 얻은 것처럼, 제 글도 누군가에게 '용기'가 되면 좋겠습니다.

● 조성윤

경단녀, 전업주부의 삶이 마음에 들지 않아 바꾸고 싶었습니다. 내 인생을 멋지게 살고 싶었지만 어떻게 해야 할지 방법을 몰랐습니다. 무력감이 나를 집어삼킬 때 '목적 있는 책 모임'을 만나게 되었습니다. 책을 내키는 대로 읽었기에 목적을 갖고 읽어야 하나? 의문이 들었습니다. 목적 있는 책 모임인데 목적 없이 들어갔습니다. 자기계발 열심히 하는 사람들을 기웃기웃할 생각으로……. 지금은 모두와 함께 격려하며 책을 쓰게 되었습니다. 책 모임을 통한 변화와 성장이 놀랍습니다. 함께 성장하고 싶어 작지만 소중한 글을 썼습니다.

● 우민정

3년 전부터 나의 꿈 리스트 첫 줄에는 '글작가 우쌤'이라고 적혀있습니다. 꿈이 현실이 되어가는 순간에 닿으니 가슴이 설레고 벅찹니다. 어릴 적부터 친구처럼 놓지 않은 것이 글쓰기, 시 일기, 연필 그리고 책입니다. 익숙했기에 먼 꿈에 지나지 않았는데 저의 글을 좋아해 주는 분들이 생기면서 자연스럽게 꿈으로 연결되었습니다. 글과 책으로 치유되고 성장한 저처럼 누군가에게 치유와 성장에 작게나마 도움이 되길 바랍니다. 또한 공저에 참여한 계기로 온기가 있는 작가로의 삶을 이어갈 것이니 응원해 주시기 바랍니다.

마치는 글